CONTENTS

JN102715

be-動詞の文と一般動詞の文

A ▶ be-動詞の文(「…は～です」)

参 p. 24

❶ I **am** a good tennis player.　　私はテニスが得意です。

❷ Naoko and I **are** good friends.　　ナオコと私はよい友だちです。

❸ My name **is** Miyajima Aki.　　私の名前は宮島亜紀です。

1. 「…は」に当たる主語(I, Naoko and I, My name など)に続く，am, are, is をとくに be-動詞といいます。

2. be-動詞は，主語によって次のように使い分けます。

I **am** ...	We **are** ...
You **are** ... (あなたは…です)	You **are** ... (あなたたちは…です)
He[She, It] **is** ...	They **are** ...

✓ CHECK ( )内に，am，are，is から適語を選んで補いなさい。

1. Hi, I ( ) Ken.　Nice to meet you.

2. You ( ) a member of our club.

3. My sister ( ) a doctor.　She ( ) very kind.

4. I have two brothers.　They ( ) college students.

B ▶ be-動詞の文の否定文と疑問文

参 p. 26, 30

❶ I**'m** tired, but I**'m not** sleepy.　　私は疲れていますが，眠くはありません。

❷ **Is she** from Canada? —— Yes, **she is**. / No, **she isn't**.

彼女はカナダ出身ですか。——はい，そうです。/ いいえ，違います。

❶ 「…は～ではありません」という否定文は，be-動詞に not を続けます。

主語	be-動詞	not	...

He **is** afraid of dogs.　(彼は犬を怖がっています。)

She **is not** afraid of dogs.　(彼女は犬を怖がっていません。)

❷ 「…は～ですか」という疑問文は，be-動詞を主語の前に出します。

Be-動詞	主語	...?

This seat is free.　(このいすは空いています。)

Is this seat free? —— Yes, **it is**. / No, **it isn't**.

(このいすは空いていますか。——はい，空いています。/ いいえ，空いていません。)

✓ CHECK 次の各文を否定文と疑問文に書きかえなさい。

1. The park is open today.

否定文 ....

疑問文 ....

2. The shops are closed today.

否定文 ....

疑問文 ....

英 語 の し く み

1 日本語と英語で異なる文の構造（語順）

● 日本語では，「私は彼を知っています。」という内容を，「私は知っています，彼を。」，「知っています，私は彼を。」などと表現することができますが，英語では，

私は	彼を	知っています
↓		
I	know	him
…は	～します	

という語順が決まっています。I（私は）という主語の後ろに，know（知っている）という動詞が続きます。

● 「私は高校生です。」という内容も，日本語では「高校生です，私は。」などと表現することができますが，英語では語順が決まっていて，

私は	高校生	です
↓		
I	am	a high school student
…は	です	

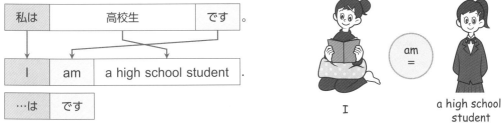

I   a high school student

となります。I（私は）という主語の後ろに続く am（です）を，とくに be-動詞といいます。

● 「…は～です」という文の場合，主語によって be-動詞を使い分けます。

● 「…は～します」という文の，「～します」に当たる動詞を一般動詞といいます。主語が3人称・単数（「私」でも「あなた」でもない1人の人［1つのもの］）のときには，動詞に -s をつけます。

I	play	tennis every day.	（私は毎日テニスをします。）
We	have	lunch in the classroom.	（私たちは教室で昼食を食べます。）
Naoko	comes	to school by bike.	（ナオコは自転車で通学します。）

❓ 3人称・単数とは？

Naoko   he
my bike
3人称・単数   I（話し手） → you（聞き手）

2 「主語＋動詞」に続くもの

● 「主語（…は）＋動詞（～します）」の後に「だれを，何を」に当たる語が続き，その後に「どんなふうに，いつ，どこで」などの「＋α」が続きます。「だれを，何を」に当たる語を目的語といいます。

● 「主語（…は）＋動詞（～します）」の後に「だれを，何を」に当たる語がない場合もあります。

● 「主語（…は）＋be-動詞（です）」の後に続いて，「…は～です」と主語を説明する「～」に当たる語を補語といいます。

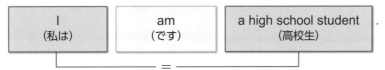

3 品詞

● 英文を構成する単語は，それぞれの働きによって主に次の7つの品詞に分類されます。

名 名詞	人や事物の名前を表す。	Naoko comes to school by bike .
代 代名詞	名詞の代わりに用いられる。	Naoko knows Makoto.（ナオコはマコトを知っています。） ↓　　　↓ She knows him .（彼女は彼を知っています。）
動 動詞	主語の後に続いて，「～します」や「～です」を表す。	I play tennis every day. I am a high school student.
形 形容詞	名詞を修飾したり，主語を説明したりする。	a happy girl （幸せな女の子）
副 副詞	主として動詞を修飾する。	Listen to me carefully . （注意して聞きなさい。）
前 前置詞	名詞や代名詞の前に置かれて，ひとまとまりの意味を表す。	Naoko comes to school by bike.
接 接続詞	語と語，句と句，文と文を結びつける。	two brothers ──→ three cousins I have two brothers and three cousins. （私には兄弟が2人，いとこが3人います。）

◆◆ 本書の特色 ◆◆

『**Zoom** 総合英語』に完全準拠した英文法準教科書

- 本書は『**Zoom** 総合英語』の「**Basic**」編と「**Advanced**」編で構成されています。「**Advanced**」編で扱っている内容は，「 ▲ 」で表示しています。
- 『**Zoom** 総合英語』と完全一致させた，新しくコミュニカティブな例文を掲載しています。

高校英文法で押さえておきたい重要事項を 27 レッスンに精選

- １年間で無理なく英文法の基本項目と発展項目を学習することができます。

図表を活用した理解しやすい解説

- 色や図表を取り入れて，見やすく理解しやすい記述をしています。

学習に役立つ 4 種類の豊富な付録

- 重要文法や慣用表現などを一覧表にまとめた 4 種類の付録を収録しています。

例文定着のための別冊付録

- 別冊の「例文ワークノート」では，各課の例文を使ったドリル形式の問題を通して，例文の定着を図ります。

◆◆ 本書の構成 ◆◆

Get Ready（全 4 課）　高校英文法への導入

- ◆基本的で重要な事項をわかりやすくまとめました。本課への円滑な導入を図ります。

Lesson（全 27 課）

- ◆左ページに例文・解説，右ページに Exercises の見開き構成になっています。
- ◆左ページの解説と右ページの各問は対応しており，「 A 」「 B 」などで示しています。
- ◆総合問題も収録し，各項目を横断した学習ができるようにしています。

Optional Lesson（全 8 課）　本課 27 レッスンに次いで押さえておきたい項目

- ◆品詞や構文などの項目を， 8 レッスンに精選して収録しました。
- ◆授業時間数などに応じて学習することができます。

More Input!　文法事項と慣用表現の一覧表

- ◆本書で扱っている重要な文法事項や慣用表現を一覧表にまとめました。

ターゲット例文集　重要表現の定着を図る作文問題

- ◆本書で扱っている例文の穴埋め問題を収録しました。

英語のしくみ / APPENDIX / 動詞の不規則変化一覧　学習に役立つ付録

- ◆前見返しには英語学習の基本となる事項について確認する**英語のしくみ**を収録しました。
- ◆巻末には動詞の変化などの資料を集めた **APPENDIX** を収録しました。
- ◆後見返しには動詞の不規則変化一覧を収録しました。

C ▸ 一般動詞の文（「…は〜します」）

参 p. 27

❶ I **come** to school by train.   私は電車で通学しています。

❷ You **play** the guitar very well.   きみはギターがとても上手だ。

❸ My brother **washes** his car every weekend.   私の兄は毎週週末に車を洗います。

1. 主語に続く come，play，wash などの動詞を，be-動詞と区別してとくに**一般動詞**といいます。

2. 一般動詞は，主語が He[She, It]のときは，動詞に **-s[-es]** をつけます。（❸）

        I live with my parents in Tokyo.   （私は両親と一緒に東京に住んでいます。）

    My sister **lives** in Yokohama.   （私の姉は横浜に住んでいます。）

✓ CHECK （   ）内に，下記の語群から適語を選んで補いなさい。

1. I (   ) pops, but my parents (   ) classical music.
2. Mr. Young is a high school teacher.   He (   ) English.
3. My sister (   ) as a nurse in Yokohama.

    [like(s) / teach(es) / work(s)]

D ▸ 一般動詞の文の否定文と疑問文

参 p. 29, 31

❶ I **speak** Japanese, but I **do not speak** Chinese.

私は日本語は話しますが，中国語は話しません。

❷ My sister **is** a soccer fan, but she **does not play** soccer.

姉はサッカーファンですが，サッカーはしません。

❸ **Do you like** our school? —— Yes, I do. / No, I don't.

あなたは私たちの学校を気に入っていますか。——ええ，気に入っています。／いいえ，気に入っていません。

❹ **Does Tom write** a blog on the Internet? —— Yes, he does. / No, he doesn't.

トムはインターネットでブログを書いていますか。——はい，書いています。／いいえ，書いていません。

1. 「…は〜しません」という**否定文**は，次のようになります。

主語	do[does]	not	動詞の原形	…

   ❶ speak ➡ **do not speak**

   ❷ plays ➡ **does not play** （主語が He[She, It]のときは，does を使います。）

2. 「…は〜しますか」という**疑問文**は，次のようになります。

Do[Does]	主語	動詞の原形	…?

   ❸ You like ... ➡ **Do you like ...?**

   ❹ Tom writes ... ➡ **Does Tom write ...?**

✓ CHECK 次の各文を否定文と疑問文に書きかえなさい。

1. You know the answer.

   否定文 ....

   疑問文 ....

2. Mr. Young works on Saturdays.

   否定文 ....

   疑問文 ....

A ▶ be-動詞の過去形
参 p. 25-26, 30

❶ I **was** tired last night. 　　　　私は昨日の夜は疲れていました。

❷ My mother **was** sick in bed yesterday. 　母は，昨日は体調が悪くて寝ていました。

❸ We **were** young. 　　　　私たちは若かった。

1．be-動詞の過去形(was, were)は，次のように使い分けます。

am ➡ was	❶ I **am** tired now. （私は今疲れています。）
is ➡ was	❷ My mother **is** sick in bed today. （母は，今日は体調が悪くて寝ています。）
are ➡ were	❸ We **are** young now. （私たちは今若い。）

2．否定文・疑問文の作り方は，am，are，is の文と同じです。

Our hotel room **was not** very clean.

(私たちのホテルの部屋はあまりきれいではありませんでした。)

Were you busy yesterday？ —— No, **I wasn't.**

(昨日は忙しかったですか。——いいえ，忙しくなかったですよ。)

✓CHECK （　　　）内に，was か were を補いなさい。

1．Last year she （　　　　　） 22, so she is 23 now.

2．（　　　　　） you late？ —— Yes, I （　　　　　）.

B ▶ 一般動詞の過去形
参 p. 28

❶ I **emailed** Emily last night. 　　　　私は昨日の夜エミリーに E メールを送りました。

❷ My father **went** to work by train last week. 　私の父は先週は電車で通勤しました。

❶ 一般動詞の過去形は，動詞に **-ed** をつけます。

email － emailed (❶) / work － worked / visit － visited

live － lived / study － studied / stop － stopped

The concert last night **started** at 7:30 and **finished** at 10 o'clock.

(昨夜のコンサートは 7 時30分に始まり，10時に終わりました。)

❷ 特別な過去形を持つ動詞もあります。

go － went (❷) / come － came / buy － bought / get － got

give － gave / have － had / know － knew / make － made / put － put

see － saw / speak － spoke / take － took / write － wrote

Kevin **sold** his car and **put** the money in the bank.

(ケビンは車を売って，そのお金を銀行に預けた。)

✓CHECK 次の動詞の過去形を書きなさい。

1．enjoy 　（　　　　　）　　　2．want 　（　　　　　）

3．drink 　（　　　　　）　　　4．hear 　（　　　　　）

5．meet 　（　　　　　）　　　6．read 　（　　　　　）

C 一般動詞の過去形（否定文と疑問文）
参 p. 29, 31

❶ I saw Naoko this morning, but I did not see Aki.
今朝ナオコは見かけましたが，アキは見かけませんでした。

❷ Did you buy a new computer? —— Yes, I did. / No, I didn't.
新しいコンピュータを買いましたか。——はい，買いました。／いいえ，買いませんでした。

❶ 否定文は次のようになります。

| 主語 | did | not | 動詞の原形 | ... |

saw ➡ did not see （did を使って，saw を see とします。）
　You did not buy a new computer.　（あなたは新しいコンピュータを買いませんでした。）

❷ 疑問文は次のようになります。

| Did | 主語 | 動詞の原形 | ...? |

You bought ... ➡ Did you buy ...?
　Did you see Naoko this morning?　（あなたは今朝ナオコを見かけましたか。）

✓CHECK 次の各文を否定文と疑問文に書きかえなさい。
1. You watched that DVD last week.
否定文
疑問文
2. Tom had breakfast this morning.
否定文
疑問文

D 未来の表現
参 p. 78-79

❶ I think Sue will like the present.　スーはプレゼントを気に入るだろうと思います。

❷ I'm tired.　I think I'll go to bed early tonight.　疲れたよ。今夜は早く寝ようと思う。

❸ I'm going to stay at home and do my homework this afternoon.
今日の午後は家にいて宿題をするつもりです。

1. | will | 動詞の原形 | ... : 「～する［である］でしょう」（❶）
「～します，～するつもりです」（❷）

　I will not[won't] be so busy next week.　（来週は，それほど忙しくはないでしょう。）
　Will you come to the party?　（パーティーにはおいでになりますか。）

2. | be going to | 動詞の原形 | ... : 「～するつもりです」（❸）

　Tom is not going to sell his car.　（トムは車を売るつもりはありません。）
　Are you going to buy a car?　（あなたは車を買うつもりですか。）

✓CHECK will ～ と be going to ～ を用いた文を完成しなさい。
1. He (leave) tomorrow.
　　　　　　　　　　　　　　　／
2. We (work) hard next week.
　　　　　　　　　　　　　　　／

参 p. 51

A ▶ S+V

❶ Good students study hard.　　よい学生は一生懸命に勉強する。

❷ We arrived at the airport at 7 o'clock.　私たちは7時に空港に着きました。

1. **S+V**：主語(S)と動詞(V)だけで文が成立する最もシンプルな文のパターンです。

	S	V	
❶	Good **students**	**study**	hard.
❷	**We**	**arrived**	at the airport at 7 o'clock.

2. **修飾語**：形容詞や副詞のほか，前置詞＋名詞も修飾語句として働きます。また，場所と時を表す語句は，「場所＋時」の語順になります。「時＋場所」の語順になることはありません。

	場所	時
❷ We arrived	**at the airport**	**at 7 o'clock** .

（×）We arrived *at 7 o'clock at the airport.*

✓ CHECK （　　）内の語句を並べかえて，英文を完成しなさい。

1. The wind (during a storm / blows / hard).

2. Mr. Young (in Chicago / in 1975 / was born).

3. Ann (every morning / to school / walks).

参 p. 54-55

B ▶ S+V+O

❶ My sister practices tennis every Sunday.　妹は毎週日曜日にテニスの練習をします。

❷ I often read sports magazines.　　私はよくスポーツ雑誌を読みます。

1. **S+V+O**：英語の基本パターンは，「主語(S)＋動詞(V)＋目的語(O)」で，「SはVするOを」と続きます。

	S	V	O	
❶	My sister	**practices**	**tennis**	every Sunday.
❷	I	**read**	**sports magazines**	.

2. 「V+O」の結びつきはとても強く，V+O の間に何かが入ることはありません。

（×）My sister practices *every Sunday* tennis.

（×）I read *often* sports magazines.

✓ CHECK （　　）内の語句を並べかえて，英文を完成しなさい。

1. (Italian food / like / very much / I).

2. (crossed / the street / they / carefully).

3. (from my brother / borrowed / $10 / I).

C ▶ S＋V＋人＋物

❶ Tom gave his mother some flowers.　トムは母親に花をあげた。

❷ The art club members show us their beautiful paintings.
美術部の部員たちは，私たちにすばらしい絵を見せてくれます。

give や show など，「人＋物」を従える動詞があります。「人に物を与える[見せる]」などとなります。

	人	物	
❶ Tom gave	his mother	some flowers	.
❷ The art club members show	us	their beautiful paintings	.

（×）Tom gave *some flowers his mother*.

（×）The art club members show *their beautiful paintings us*.

✓ CHECK （　　）内の語句を並べかえて，英文を完成しなさい。

　1. Rick (his car / lent / me) for an hour.

　-----

　2. I will (my CD player / sell / you) for $150.

　-----

　3. Tom (Ann / sent / some red roses) on her birthday.

D ▶ S＋V＋物＋to＋人

❶ Tom gave some flowers to his mother.　トムは母親に花をあげた。

❷ The art club members show their beautiful paintings to us.
美術部の部員たちは，私たちにすばらしい絵を見せてくれます。

give や show は，「物＋to＋人」を従えることもできます。「物を人に与える[見せる]」となります。

	物	to	人	
❶ Tom gave	some flowers	to	his mother	.
❷ The art club members show	their beautiful paintings	to	us	.

（×）Tom gave *to his mother* some flowers.

（×）The art club members show *to us* their beautiful paintings.

Tom gave some flowers to his mother

✓ CHECK （　　）内の語句を並べかえて，英文を完成しなさい。

　1. Did you (lend / Mike / that book / to)?

　-----

　2. I (a friend / my bike / sold / to) for $100.

　-----

　3. Did you (a birthday card / send / Susan / to)?

Get Ready 4　修飾のパターン

A　形容詞による修飾

参 p. 344

❶ Yuki has a black cat.　ユキは黒い猫を飼っています。

❷ Yuki has a fat black cat.　ユキは太った黒い猫を飼っています。

❸ Yuki has a big fat black cat.　ユキは大きな太った黒い猫を飼っています。

❶〜❸の文を，次の文と比べてみましょう。

　Yuki has a cat.　（ユキは猫を飼っています。）

どんな「猫」なのでしょうか。❶では black がどんな「猫」であるのかを説明し，❷ではさらに fat が，❸ではさらに big が加わってどんな猫かを説明しています。このような語を形容詞といい，「形容詞＋名詞」で「…な猫」と名詞を修飾します。

❶ 　　❷ 　　❸

✓ CHECK （　　）内の語を補うべき箇所の直後の語を指摘しなさい。

1. There is a movie on TV this evening.　（good）
2. I ate at the restaurant yesterday.　（new）
3. Look at those clouds in the sky!　（black）

B　副詞による修飾

参 p. 345

❶ He drives carefully.　彼は注意深く運転する。

❷ He ate his dinner quickly.　彼は急いで夕食を食べました。

❶，❷の文を，次のそれぞれの文と比べてみましょう。

　He drives.　（彼は運転する。）

　He ate his dinner.　（彼は夕食を食べました。）

❶では carefully がどのように彼が「運転する」のかを説明し，❷では quickly がどのように彼が「夕食を食べた」のかを説明しています。このような語を副詞といい，「動詞（＋目的語）＋副詞」で動詞を修飾します。

✓ CHECK （　　）内から正しい語を選びなさい。

1. Please listen (careful / carefully).
2. Please close the door (quiet / quietly).
3. The old lady walked (slow / slowly) along the street.

C ▶ 不定詞による修飾

❶ I want something **to eat**.　　　　私は何か食べ物がほしい。

❷ He is studying hard **to pass** the exam.　彼は試験に合格するために一生懸命に勉強しています。

to-不定詞には，形容詞と同じ働きをして(代)名詞を修飾する用法(❶)と，副詞と同じ働きをして動詞を修飾する用法(❷)があります。

❶の文では，to eat が代名詞 something を後ろから修飾して「食べるための何か(＝食べ物)」となっています。

❷の文では，to pass the exam が動詞 is studying を後ろから修飾して「試験に合格するために勉強している」となっています。副詞 hard も，同じく is studying を修飾しています。

| ❶ I want | something | **to eat** | . |
| ❷ He | is studying hard | **to pass** the exam | . |

> **CHECK** 斜字体の語句が修飾している語に下線をつけなさい。
> 1. Did you buy anything *to drink*?
> 2. Ann has the key *to open this door*.
> 3. I opened a window *to get some fresh air*.

D ▶ 分詞・関係代名詞による修飾

❶ I know the children **playing** in the yard.　私は庭で遊んでいる子どもたちを知っています。

❷ This is the window **broken** by Tom.　これがトムによって壊された窓です。

❸ I met a girl **who** likes soccer very much.　私はサッカーが大好きな女の子に会いました。

1. **分詞**：現在分詞・過去分詞は，形容詞の働きをして名詞を修飾します。現在分詞(❶)は「～している…」，過去分詞(❷)は「～された…」という意味になります。

　❶の文を，次の文と比べてみましょう。

　　I know the children.　(私はその子どもたちを知っています。)

どんな「子どもたち」なのでしょうか。❶では，playing in the yard が the children を後ろから修飾して「庭で遊んでいる子どもたち」という意味を表しています。

| ❶ the children | **playing** in the yard |
| ❷ the window | **broken** by Tom |

2. **関係代名詞**：関係代名詞を含むまとまりが形容詞の働きをして，直前の名詞を修飾します。関係代名詞には who のほかにも，which や that などがあります。

| ❸ a girl | **who** likes soccer very much |

> **CHECK** 斜字体の語句が修飾している語に下線をつけなさい。
> 1. The boy *standing in the corner* is my brother.
> 2. English is a language *spoken all over the world*.
> 3. These are plants *which grow in warm countries*.

1 いろいろな文 (1)

☑be-動詞・一般動詞の文と疑問詞疑問文を理解し，書けるようになろう。

A be-動詞の文

参 p. 24-26, 30

❶ They are not my classmates.　They are my seniors.　▶6.
彼らは私のクラスメートではありません。上級生です。

❷ Are you an exchange student? —— Yes, I am.　▶16.
あなたは交換留学生ですか。——はい，そうです。

> 「…は～です」(現在)：Sの違いによって am, are, is を使い分ける。
>
> 「…は～でした」(過去)：am, is → was / are → were
>
> ❶ 否定文：S＋be-動詞＋not ...
>
> ❷ 疑問文：Be-動詞＋S ...?
>
> ✓確認 助動詞(can, may, must, will など)を含む文の否定文・疑問文
> My mother **can** drive a car. → She **cannot** drive a car. / **Can** she drive a car?
> (私の母は車を運転することができる。 → 彼女は車の運転はできません。／彼女は車の運転ができますか。)

B 一般動詞の文

参 p. 27-29, 31

❸ My sister plays the piano very well.　▶9.
私の姉は[ピアノをとてもうまく演奏する→]ピアノがとても上手です。

❹ I telephoned John, but I did not telephone Mary.　▶15.
私はジョンに電話をかけましたが，メアリーにはかけませんでした。

❺ Did you enjoy the party? —— Yes, I did.　▶21.
あなたはパーティーを楽しみましたか。——ええ，楽しかったわ。

> 「…は～します」(現在)：Sが3人称・単数・現在の場合は動詞に -s(❸)か，-es をつける。
>
> 「…は～しました」(過去)：動詞に -ed(❹)をつけるか，動詞が特別な形に変化する(go → went)。
>
> ❹ 否定文：S＋do[does, did] not＋動詞の原形 ...
>
> ❺ 疑問文：Do[Does, Did]＋S＋動詞の原形 ...?

C 疑問詞で始まる疑問文

参 p. 32-34, 43

❻ Who telephoned Ann? —— Tom did.　▶22.
だれがアンに電話したのですか。——トムです。

❼ What is your favorite subject? —— It's science.　▶23.
好きな科目は何ですか。——理科です。

❽ Why was he late? —— He was late because he missed the bus.　▶26.
彼はなぜ遅れたのですか。——バスに乗り遅れて遅れたのです。

❾ Who did he talk with? —— He talked with Mary.　▶40. A
彼はだれと話したのですか。——メアリーと話しました。

> ❻ 疑問詞が主語となる場合：疑問詞 (S)＋V ...?
>
> ❼❽ 疑問詞が主語以外の場合：疑問詞＋疑問文の語順 ...?
>
> ❾ 疑問詞 ... 前置詞?：疑問詞が前置詞の目的語となることもある。

Exercises

1 1と2を疑問文に，3は否定文にしなさい。　**A**

1. Miki is a member of the swimming club.

2. Kathy can play the guitar well.

3. I will be here tomorrow.

2 次の文を疑問文にし，（　　）内の語を使って答えなさい。　**B**

1. Tom goes to church on Sunday.　（Yes）

2. Mr. and Mrs. Smith live in New York.　（No）

3. You saw Mary at the party last night.　（Yes）

3 （　　）内に適切な疑問詞を補いなさい。　**C**

1. (　　　　　　　) is your phone number? ── It's 903-2861.
2. (　　　　　　　) does the concert begin? ── It begins at 6:30.
3. (　　　　　　　) does your father go to work? ── By subway.
4. (　　　　　　　) is yours, this or that? ── That is.
5. (　　　　　　　) did you work (　　　　　　　)? ── I worked with Bill.

4 （　　）内の語句を並べかえて，英文を完成しなさい。　**総合**

1. あなたは両親によく手紙を書きますか。

(you / do / often / a letter / write) to your parents?

2. 今夜は何がしたいですか。

(do / do / to / want / what / you) this evening?

3. キャシーは何時に彼と会ったのですか。

(time / did / see / him / what / Kathy)?

4. どのくらいピアノを弾きますか。

(often / do / the piano / how / play / you)?

2 いろいろな文 (2)

☑付加疑問文，否定疑問文，間接疑問文，命令文，感嘆文を使って表現できるようになろう。

A 付加疑問文，否定疑問文
参 p. 36-37，42

❶ Mary is your classmate, isn't she? —— Yes, she is. / No, she isn't. ▶29.
メアリーはあなたのクラスメートでしょう。——はい，そうです。/ いいえ，違います。

❷ You don't like cheese, do you? —— No, I don't. / Yes, I do. ▶30.
あなたはチーズが好きではないのですね。——はい，好きではありません。/ いいえ，好きです。

❸ Didn't you watch TV last night? —— Yes, I did. / No, I didn't. ▶39. ▲
昨夜はテレビを見なかったのですか。——いいえ，見ました。/ はい，見ませんでした。

❶ 肯定文，否定の疑問形？：not は短縮形になる。疑問形の主語は代名詞になる。

❷ 否定文，肯定の疑問形？：疑問形の主語は代名詞になる。

❸ 否定疑問文：not を含む短縮形で始まる疑問文。

注意 Yes，No の使い分け：日本語の「はい」「いいえ」にとらわれず，自分の答えが肯定ならば Yes，否定ならば No と答える。
❷「チーズが好き（肯定）」→ Yes, I do. /「チーズが好きではない（否定）」→ No, I don't.
❸「テレビを見た（肯定）」→ Yes, I did. /「テレビを見なかった（否定）」→ No, I didn't.

B 間接疑問文
参 p. 38-39

❹ I don't know what she wants. 私は彼女が何をほしがっているのかわかりません。 ▶31.

❺ Excuse me, can you tell me where the museum is? ▶32.
すみませんが，博物館はどこにあるか教えてくれませんか。

❹❺ 疑問詞で始まる疑問文がほかの文の一部に組み込まれると，疑問詞の後は「S＋V」（平叙文の語順）になる。

注意 疑問詞が主語の疑問文は，「疑問詞(S)＋V」をそのまま組み込む。
Who painted this picture? → Do you know **who painted** this picture?
（だれがこの絵を描きましたか。→ あなたはだれがこの絵を描いたか知っていますか。）

注意 Yes / No を求める疑問文ではない場合，疑問詞が文頭に出る。
Who do you think **she is**? （彼女はだれだと思いますか。）
cf. Do you know **who she is**? （彼女がだれだか知っていますか。）

C 命令文，感嘆文
参 p. 40-41

❻ Repeat your name slowly. あなたの名前をゆっくりともう一度言ってください。 ▶34.
❼ Don't worry. I can help you. 心配するなよ。ぼくが手伝ってあげるから。 ▶35.
❽ Let's watch the new DVD. 新しいＤＶＤを見ましょう。 ▶36.
❾ How beautiful her voice is! 彼女の声はなんてきれいなのでしょう。 ▶37.
❿ What a lovely sunset (it is)! なんてきれいな夕日なのでしょう。 ▶38.

❻ 命令文：動詞の原形で文を始める。否定形は Don't をつける（**❼**）。

❽ Let's＋動詞の原形 ...：否定形は Let's not＋動詞の原形 ... となる。

❾ How＋形容詞[副詞]（＋S＋V）! ← Her voice is **very beautiful**.

❿ What（a[an]）（＋形容詞）＋名詞（＋S＋V）! ← It is **a very lovely sunset**.

注意 名詞が複数形や数で数えられない名詞の場合には a[an]はつかない。

Exercises

1 （　　）内に適語を補い，日本語を英語に直しなさい。　　　**A**

1. Your aunt works for this office, (　　　　　) (　　　　　)?
   ——いいえ，勤めていません。 ....

2. You weren't listening, (　　　　　) (　　　　　)?
   ——いいえ，聞いていました。 ....

3. You are older than Toshiki, (　　　　　) (　　　　　)?
   ——ええ，そうです。 ....

Ⓐ 4. (　　　　　) (　　　　　) sleep well last night?　[昨夜はよく眠れなかっ
   たのですか。] ——いいえ，眠れました。 ....
   ——ええ，眠れませんでした。 ....

2 次の疑問文と[　　]の文を結びつけて1文にしなさい。　　　**B**

1. Where does he come from?　[Nobody knows.]

   ....

2. Who made this chocolate cake?　[I don't know.]

   ....

3. What has happened to him?　[Do you think?]

   ....

3 1と2は命令文に，3と4は下線部を強める感嘆文にしなさい。　　　**C**

1. You must be kind to old people.

   ....

2. You mustn't climb Mt. Fuji in winter.

   ....

3. Your dress is <u>very nice</u>.

   ....

4. That is <u>a very good idea</u>.

   ....

4 （　　）内の語句を並べかえて，英文を完成しなさい。　　　総合

1. 彼女は私たちに本当のことを言ってくれませんでしたね。
   (tell / the truth / didn't / us / she), did she?

   ....

2. これはなんて小さいテレビなのでしょう。
   (is / a / what / this / small / television)!

   ....

☑第 1 ～ 3 文型の構造や特徴を理解し，使い分けられるようになろう。

A 第 1 文型 (S＋V)　参 p. 51

❶ Our school starts at 8：30.　私たちの学校は 8 時半に始まります。　▶44.

❷ I go to the cafeteria for lunch.　私は昼食を食べに食堂に行きます。　▶45.

❸ Many people in our town work in the factory.　▶46.
私たちの町の多くの人々はその工場で働いています。

「S は V する」：主語 (S) と (述語) 動詞 (V) だけで文意が完成するが，いろいろな修飾語 (M) がつくことが多い。代表的なものは，名詞を修飾する形容詞と，動詞を修飾する副詞である。

Good students study hard.　（よい学生は一生懸命に勉強する。）
（形容詞）　（副詞）

❶❷❸ 前置詞句：「前置詞＋名詞」も，まとまって 1 つの形容詞や副詞の働きをする。
❸Many people in our town work in the factory.
（形容詞句）　（副詞句）

B 第 2 文型 (S＋V＋C)　参 p. 52-53

❹ Rose is my pet dog.　She is very cute.　▶47.
ローズは私の飼っている犬です。彼女はとてもかわいいです。

❺ I sometimes get very hungry in the morning.　▶49.
私はときどき午前中にとても [空腹になります→] おなかがすきます。

「S は…である [になる]」：S＋V の後に「…」に当たる補語 (C) を必要とする。
「S＝C」の関係になることに注意。
補語となる語：名詞 (❹)，形容詞 (❹❺)

S	V	C
❹ Rose	is	my pet dog.
❹ She	is	very cute.
❺ I	get	very hungry.

⚑注意 第 2 文型に用いられる主な動詞 (be-動詞以外)
外見：appear, look, seem ／ (不変化の) 状態：keep, stay, remain ／
変化：become, get (❺), grow, turn ／ 感覚：feel, smell, taste, sound

C 第 3 文型 (S＋V＋O)　参 p. 54-55

❻ We play soccer from Monday to Saturday.　▶50.
私たちは月曜日から土曜日までサッカーをします。

❼ Sally likes ice cream.　Ben likes it, too.　▶52.
サリーはアイスクリームが好きです。ベンもそれが好きです。

「S は…を V する」：S＋V の後に「…」に当たる目的語 (O) を必要とする。

S	V	O
❻ We	play	soccer.
❼ Sally	likes	ice cream.
❼ Ben	likes	it.

目的語となる語：名詞 (❻❼)，代名詞 (❼)

⚑注意 S＋V＋C (S＝C)，S＋V＋O (S≠O) の違いに注意する。

❶ 次の文の(述語)動詞に下線を引きなさい。　　　　　　　　　　　　　　　**A**

1. The supermarket opens at ten o'clock.
2. After the storm, a rainbow appeared in the sky.
3. Birds fly and fish swim.
4. The train from Nagano arrived on time.
5. The moon rose above the mountain.
6. Plants in warm countries grow fast.

❷ 次の文は㋑S+V，㋺S+V+C のどちらかを答えなさい。　　　　　　　**A B**

1. Lucy became a nurse.　　　　　　　　　　　　　　　　　　　(　　　　　)
2. This book seems interesting, doesn't it?　　　　　　　　　　(　　　　　)
3. We walked around all night.　　　　　　　　　　　　　　　(　　　　　)
4. This melon tastes sweet.　　　　　　　　　　　　　　　　　(　　　　　)
5. Why did you run out of the classroom?　　　　　　　　　　(　　　　　)
6. Please keep quiet for a while.　　　　　　　　　　　　　　　(　　　　　)

❸ 次の文の下線部が，目的語と補語のどちらであるか答えなさい。　　　　**B C**

1. The apples on our trees turned <u>red</u>.　　　　　　　　　　　(　　　　　)
2. She turned <u>her back</u> to me.　　　　　　　　　　　　　　　(　　　　　)
3. Mr. White reached <u>Tokyo</u> early this morning.　　　　　　　(　　　　　)
4. His three daughters became <u>pianists</u>.　　　　　　　　　　　(　　　　　)

❹ (　　　)内の語を並べかえて，英文を完成しなさい。　　　　　　　　　**総合**

1. トムのおばあさんは元気そうだ。

   (looks / grandmother / healthy / Tom's).

   ----

2. ピカソの絵は，私には奇妙に思えます。

   (me / paintings / Picasso's / seem / strange / to).

   ----

3. 机の上の辞書は私の父のものです。

   (is / dictionary / desk / the / the / on) my father's.

   ----

4. 私たちは昨日とても楽しくすごしました。

   (time / we / a / good / had / very) yesterday.

文の型（2）

☑第4，5文型と There is［are］... の文の構造や特徴を理解し，使い分けられるようになろう。

A 第4文型（S＋V＋O₁＋O₂）

参 p. 56-57

❶ Our coach gives us good advice.　コーチは私たちによいアドバイスをしてくれます。　▶53.

❷ My father bought me a computer.　父は私にコンピュータを買ってくれた。　▶55.

「Sは…に～をあげる［買ってくれる］」：S＋V の後に「…」（ふつう「人」）に当たる**間接目的語(O₁)**と，「～」（ふつう「物」）に当たる**直接目的語(O₂)**という2つの目的語を必要とする。

S	V	O₁(人)	O₂(物)
❶ Our coach	gives	us	good **advice.**
❷ My father	bought	me	a **computer.**

❶ → Our coach **gives** good advice **to** us.

❷ → My father **bought** a computer **for** me.

注意 第4文型に用いられる主な動詞
give のグループ：hand, lend, pass, send, show, teach, tell
buy のグループ：build, choose, cook, find, get, make

B 第5文型（S＋V＋O＋C）

参 p. 58-59

❸ Music makes me happy.　音楽は私を幸せにしてくれます。　▶56.

❹ We call the holidays "Golden Week."　▶57.
私たちはその休日を「ゴールデンウィーク」と呼びます。

❺ I found the movie very exciting.　▶58.
［私はその映画がとてもわくわくするとわかった→］その映画は見てみると，とてもわくわくするものだった。

「SはOを…にする［と呼ぶ，だとわかる］」：S＋V＋O の後に「O＝C」の関係になるCを必要とする。

S	V	O	C
❸ Music	makes	me	happy.
❹ We	call	the **holidays**	"Golden Week."
❺ I	found	the **movie**	very **exciting.**

注意 第5文型に用いられる主な動詞
OをCの状態にする　　：make (❸), get, keep, leave, turn, paint
OをCと呼ぶ［Cに選ぶ］：call (❹), name, choose, elect
OをCと思う　　　　　：think, consider, believe, find (❺)

注意 S＋V＋O₁＋O₂ (O₁≠O₂)，S＋V＋O＋C (O＝C)の違いに注意する。

C 「存在」を表す文

参 p. 60-61

❻ There is a river near my house.　私の家の近くには川があります。　▶59.

❼ There are many movie theaters in this city.　この街には映画館がたくさんあります。　▶60.

There is［are］...＋場所を表す語句：「何があるか，だれがいるか」を表す。
S（人・物）が単数なら There is［was］... (❻)，複数なら There are［were］... (❼)となる。

••■□ **Exercises** ■□■•

❶ ( ) 内に下の語群から適切な動詞を補いなさい。　**A**

1. I ( ) them an interesting story.
2. On Valentine's Day, she ( ) him a box of chocolates.
3. He ( ) the boys baseball.
4. I ( ) her a good seat in the movie theater.
5. The old lady ( ) me several questions.
6. She ( ) me a picture of her aunt in Boston.

[showed / told / gave / found / taught / asked]

❷ ( ) 内の語を並べかえて，英文を完成しなさい。　**B**

1. We (a / this / pansy / flower / call) in English.

   ⋯⋯⋯⋯⋯⋯⋯⋯⋯⋯⋯⋯⋯⋯⋯⋯⋯⋯⋯⋯⋯⋯⋯⋯⋯⋯⋯⋯⋯⋯

2. You must (clean / teeth / keep / your).

   ⋯⋯⋯⋯⋯⋯⋯⋯⋯⋯⋯⋯⋯⋯⋯⋯⋯⋯⋯⋯⋯⋯⋯⋯⋯⋯⋯⋯⋯⋯

3. You must (leave / open / not / door / the).

   ⋯⋯⋯⋯⋯⋯⋯⋯⋯⋯⋯⋯⋯⋯⋯⋯⋯⋯⋯⋯⋯⋯⋯⋯⋯⋯⋯⋯⋯⋯

4. I (man / him / think / honest / an).

   ⋯⋯⋯⋯⋯⋯⋯⋯⋯⋯⋯⋯⋯⋯⋯⋯⋯⋯⋯⋯⋯⋯⋯⋯⋯⋯⋯⋯⋯⋯

5. The medicine (me / sleepy / very / made).

   ⋯⋯⋯⋯⋯⋯⋯⋯⋯⋯⋯⋯⋯⋯⋯⋯⋯⋯⋯⋯⋯⋯⋯⋯⋯⋯⋯⋯⋯⋯

❸ 次の文は第何文型か答えなさい。　総合

1. Her father bought her a personal computer. ( )
2. I found the magazine very easily. ( )
3. The twin sisters go to the same school by train. ( )
4. His voice didn't sound very happy. ( )
5. The sun keeps us warm. ( )
6. My mother made me a *yukata*. ( )
7. He makes everyone around him cheerful. ( )

❹ ( ) 内の日本語を英語に直し，英文を完成しなさい。　**C**

1. （絵が2枚かかっている）on the wall. ⋯⋯⋯⋯⋯⋯⋯⋯⋯⋯⋯⋯⋯⋯
2. （だれかいましたか）in the room then? ⋯⋯⋯⋯⋯⋯⋯⋯⋯⋯⋯⋯
3. （大きな木がある）behind the house. ⋯⋯⋯⋯⋯⋯⋯⋯⋯⋯⋯⋯⋯
4. （12か月ある）in a year. ⋯⋯⋯⋯⋯⋯⋯⋯⋯⋯⋯⋯⋯⋯⋯⋯⋯⋯

現在・過去・未来

☑現在・過去・未来のことについて表現できるようになろう。

A 現在時制と現在進行形

参 p. 74-75, 92

❶ They jog in the park every morning.　彼らは毎朝公園でジョギングをする。　▶72.

❷ I'm swimming at a beach in Okinawa now.　▶73.
私は今，沖縄の海岸で泳いでいるところです。

❸ I have a good personal computer.　私はよいパソコンを持っています。　▶110. ▲

現在時制：状態(❸)・習慣的な動作(❶)・不変の真理を表す。

❸ 進行形にできない動詞：have, know, believe, love など，継続的な状態を表す動詞は進行形にできない。

B 過去時制と過去進行形

参 p. 76-77

❹ He bought some postcards in Kyoto.　▶77.
彼は京都で絵はがきを何枚か買いました。

❺ Steve was reading a book when the phone rang.　▶79.
電話が鳴ったとき，スティーブは本を読んでいた。

❹ 過去時制：過去の状態・習慣的な動作を表す。また，1回限りの完結した動作(❹)や歴史上の事実も過去時制で表す。
World War I began in 1914 and ended in 1918. （歴史上の事実）
（第一次世界大戦は1914年に始まり，1918年に終結した。）

❺ 過去進行形(was[were] + ~ing)：「(過去のある時点に)~していた」を表す。

C will ~ と be going to ~

参 p. 78-79

❻ It will be rainy and windy in the afternoon.　午後は雨で風が強くなるでしょう。　▶80.

❼ I'll lend you my new CD tomorrow.　明日私の新しいＣＤを貸してあげましょう。　▶81.

❽ It's cloudy.　I think it's going to rain.　曇っています。雨が降りそうです。　▶82.

❾ We are going to climb the mountain because the weather is fine today.
今日は天気がいいので，私たちはその山に登るつもりです。　▶83.

❻❼ will ~：主語の意志にかかわりなく起こる未来のことがら(❻)や，（その場で思いついた）主語の意志(❼)を表す。

❽❾ be going to ~：「(何かから判断して)~しそうだ」という話者の主観的な判断(❽)や，「~するつもりだ」というあらかじめ考えられていた意志・計画(❾)を表す。

Exercises

1 ( ) 内の動詞を現在時制か現在進行形にかえなさい。　A

1. The moon (move) around the earth.　——————
2. Naomi (write) to her parents once a month.　——————
3. Where is Naomi?—— She (study) in her room.　——————
4. Take an umbrella with you.　It (rain) now.　——————
5. I am tired.　I (want) to go home.　——————
6. Be quiet.　I (talk) on the phone.　——————
7. Taro (love) Mie, but she (not like) him.　——————

2 [ ] 内の動詞を適切な形にして ( ) 内に補いなさい。　B

1. She got up, (　　　　　) her face, and (　　　　　) out.　[wash, go]
2. Did he go to Osaka or Nagoya?—— He (　　　　　) to Osaka.　[go]
3. World War Ⅱ (　　　　　) on August 15, 1945.　[end]
4. He (　　　　　) asleep while he (　　　　　) (　　　　　) his English exercises.　[fall, do]

3 ( ) 内に will か be going to のいずれかを入れなさい。　C

1. My father (　　　　　) be 55 in August.
2. Look at the sky!　It (　　　　　) rain.
3. The phone is ringing.—— I (　　　　　) answer it.
4. Your hair is dirty.—— Yes, I know.　I (　　　　　) wash it.
5. I don't have any money.—— Don't worry, I (　　　　　) lend you some.

4 ( ) 内の語句を並べかえて，英文を完成しなさい。　総合

1. 母は若い頃よくスケートに行った。
   My mother (her youth / skating / went / often / in).

   ----

2. 明日はご在宅でしょうか。
   (be / home / will / at / you) tomorrow?

   ----

3. パーティーには何を着て行くつもりですか。
   (are / going / to / wear / what / you) to the party?

   ----

4. 昨日の夜9時30分にあなたは何をしていましたか。
   (9:30 / you / doing / were / at / what) last night?

現在完了形

☑現在完了形の３つの用法を理解し，現在時制や過去時制との使い分けができるようになろう。

A 完了・結果

参 p. 81

❶ I **have lost** my key. 　　　　私はかぎをなくしてしまいました。 ▶86.

❷ Our friends **have just arrived**. 　私たちの友だちがちょうど着いたところです。 ▶87.

現在完了形(have[has]＋過去分詞)は，「(今はもう)～してしまった」などと，動作が**完了**しており，現在に何らかの**結果**をもたらしていることを表す。完了・結果の場合は，just(❷)，already，yetなどを伴うことが多い。

<u>注意</u> 現在完了形は，明らかに過去を表す語句(... ago，yesterdayなど)や疑問詞when，what timeなどとともに用いることはできない。

B 経験

参 p. 82

❸ I **have ridden** a horse **once**. 　　私は一度馬に乗ったことがあります。 ▶88.

❹ **Have** you **ever been** *to* Disneyland? 　ディズニーランドへ行ったことがありますか。 ▶89.

「(今までに)～したことがある[ない]」などと，現在までの**経験**を表す。ever(❹)，before，once(❸)，twice，three times，oftenなどを伴うことが多い。

<u>注意</u> have been to ... には「…へ行ったことがある」(❹)と「…へ行ってきたところだ(今ここにいる)」の意がある。　*cf.* have gone to ...「…へ行ってしまった(今ここにいない)」

　Where **have** you **been**? —— I**'ve been to** the mall.
　(どこへ行っていたの。——ショッピングセンターへ行ってきたところです。)
　Tom isn't here. I think he **has gone to** the mall.
　(トムはいません。ショッピングセンターへ行ったのだと思います。)

C 継続

参 p. 83-84

❺ Takeshi and I **have been** friends **since we met at the party last year**.
タケシと私は去年そのパーティーで会って以来の友だちです。 ▶91.

❻ The computer **has been making** strange sounds **since yesterday**. ▶93.
そのコンピュータは昨日から変な音がします。

「(今まで)ずっと…だ」などと，過去に始まったある動作・状態が現在まで**継続**していることを表す。for ...，since ...(❺❻)，How long ...? などを伴うことが多い。

❺ **状態の継続**：進行形にできない動詞が用いられる。

❻ **動作の継続**：進行形にできる動詞が用いられ，**現在完了進行形**(have[has] been ～ing)となる。

　I **have felt** sick $\begin{cases} \text{**for two days**.} & \text{(２日前から気分が悪いです。)} \\ \text{**since Wednesday**.} & \text{(水曜日から気分が悪いです。)} \end{cases}$

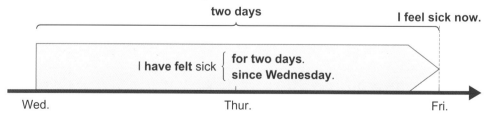

•▪■ Exercises ■▪•

❶ ( )内の語句を適切な形に直しなさい。　　　　　　　　　　　**A**

1. Mr. Young is not in Japan.　He (go) to New York.　　　_____
2. He (not finish) his work yet.　He is very busy now.　　_____
3. Have you lost your key?——Yes, I (lose) it yesterday.　_____
4. I wrote a letter to her, but she (not answer) it yet.　　_____

❷ ( )内から適切なほうを選びなさい。　　　　　　　　　　　**B**

1. My aunt (has gone / has been) to Spain five times, but I've never been there.
2. Have you ever (gone / been) to Mexico?——No, never.
3. (How long / How often) have you visited the British Museum?
　　——I have visited it three times.

❸ 各組の文がほぼ同じ意味になるように，( )内に適語を補いなさい。　**C**

1. { We came here five years ago.　We still live here.
　 { We ( ) ( ) here for five years.

2. { He became sick last week and he is still sick.
　 { He ( ) ( ) sick ( ) last week.

3. { It is ten years since my grandfather died.
　 { My grandfather ( ) ( ) dead ( ) ten
　 years.

❹ ( )内の語句を並べかえて，英文を完成しなさい。　　　　　　**総合**

1. 彼女はニューヨークへ仕事で行っているのですか，遊びに行っているのですか。
　 (gone / business / has / New York / she / on / to) or for pleasure?

----

2. 長い間私はジョージと知り合いです。
　 (known / I / George / for / have) a long time.

----

3. 2時間，雪が降り続いています。
　 It (been / for / hours / snowing / has / two).

----

4. 彼の弟は3年前から英語を勉強しています。
　 (English / brother / studying / been / his / has) for three years.

----

7 過去完了形

☑過去完了形の用法や意味を理解し，現在完了形や過去時制との使い分けができるようになろう。

A 過去完了形の基本的用法

参 p. 85

❶ I arrived late at the station.　The train had left.　▶95.
　私は駅に着くのが遅れた。列車はもう出たあとだった。

❷ I had never flown in a plane before I visited London last year.　▶96.
　私は昨年ロンドンを訪れる以前は，飛行機に乗ったことはありませんでした。

❸ He had been sick in bed for a week when I visited him.　▶97.
　私が見舞いに行ったとき，彼は1週間病気で寝込んでいた。

過去完了形(had＋過去分詞)は，現在完了形の「現在」という時の基準を，過去(のある時点)に移したものと考える。

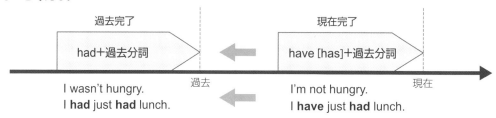

① 過去のある時点までの完了・結果

② 過去のある時点までの経験

③ 過去のある時点までの状態の継続

　　過去のある時点までの動作の継続：過去完了進行形(had been ～ing)

　　He was very tired.　He had been working hard all day.

　　(彼はとても疲れていた。一日中働きづめだったのだ。)

B 過去時制と過去完了形

参 p. 86, 296–298

❹ He bought a pendant in Paris and gave it to her.　▶98.
　彼はパリでペンダントを買って，それを彼女にあげた。

❺ He gave her a pendant which he had bought in Paris.　▶99.
　彼は彼女に，パリで買ったペンダントをあげた。

過去からさらにさかのぼった過去(大過去)：過去のことがらが「A→B」の順序で生じたとする。

　　この順序通りに述べるとき：A (過去時制)→B (過去時制)(❹)

　　順序を逆にして述べるとき：B (過去時制)←A (過去完了形)(❺)

　　When I arrived at the party, Tom had already gone home.

　　(私がパーティーに着いたとき，トムはもう家へ帰っていました。)

!注意 主たる動詞の時制が現在から過去へ変化する(arrive → arrived)と，ほかの動詞の時制も変化する(went → had gone)。これを時制の一致という。(→参考書 p. 296–297)

　　He says (that) he is tired. → He said (that) he was tired.

　　(彼は疲れていると言っている。→ 彼は疲れていると言った。)

　　I think (that) she will come. → I thought (that) she would come.

　　(彼女は来ると私は思います。→ 彼女は来ると私は思いました。)

!注意 しかし，不変の真理を表す現在時制や，歴史上の事実を表す過去時制は時制の一致の影響を受けない。(→参考書 p. 298)

Exercises

❶ 下線部に，下の語群から適切なものを選び，過去完了（進行）形にして補いなさい。 **A**

1. When I woke up, the sun _____ .
2. I knew Ted at once. I _____ him before.
3. It rained yesterday after it _____ dry for many weeks.
4. We arrived at the station after the train _____ .
5. The old man looked very tired. He _____ for hours.
6. He had a new coat on. He _____ it the day before.
   [already rise / be / leave / buy / see / walk]

❷ （　　）内の動詞の一方を過去形に，一方を過去完了形にしなさい。 **B**

1. Charlie (say) Ann (buy) a new car.

2. That evening we (be) very hungry because we (eat) nothing all day.

3. When he arrived at the station, he (find) that his train (leave).

4. I (give) my sister the magazine I (read) a week before.

5. Yesterday I (meet) a friend I (not see) for seven years.

❸ （　　）内の指示に従って書きかえなさい。 総合

1. I hear that you have succeeded in business.　(hear → heard)

2. My brother insists that he saw a ghost.　(insists → insisted)

3. I feel sure that I will pass the examination.　(feel → felt)

4. 田中先生は昨日まで一度も授業に遅れたことがなかった。
   （下線部に 3 語を補って英文を完成しなさい。）
   Ms. Tanaka _____ late for her class till yesterday.

5. [私は 2 時間ずっと待っていた], when at last he came.
   （[　　] 内の日本語を英語で表現しなさい。）

8 未来の表現

☑未来のことを表すさまざまな表現を使えるようになろう。

A 未来を表す現在形・現在進行形　参 p. 80

❶ The lunar eclipse **starts** at 7：30 p.m. this Friday.　▶84.
月食は今週金曜日の午後 7 時半に始まります。

❷ My aunt **is coming** to my house this Friday.　▶85.
私のおばが今週金曜日にうちに来ることになっています。

❶ 現在形：公的な予定など，個人的に変更できない確定的な未来の予定を表す。

❷ 現在進行形：近い未来の(特に個人的な)予定を表す。

✓確認 be ～ing と be going to ～
ほぼ同じ意味を表すが，be ～ing は「～することになっている」という「予定」に，be going to ～
は「～するつもりだ」という「意図」に焦点が当てられる。

B when［if］＋現在時制　参 p. 93, 95

❸ She'll call me **when** she **returns** home.　▶112. ▲
彼女は家に帰ったら私に電話してくるでしょう。

❹ **If** it **rains** tomorrow, I'll take the bus to school.　▶113. ▲
もし明日雨が降れば，バスで学校に行きます。

❸❹ 副詞節中の現在時制：when ... や if ... など，時や条件を表す副詞節中では未来のことがらを現在
時制で表す。when (～するとき)，before (～する前に)，till［until］(～するまで)，as soon
as (～するとすぐに)，if (もしも～ならば)など。

注意 when が「いつ～するか」の意のときは，未来のことがらは will ～ で表す。
cf. Do you know **when** he **will come** back? (彼がいつ帰って来るか知っていますか。)
if が「～かどうか」の意のときは，未来のことがらは will ～ で表す。
cf. I don't know **if** the weather **will change**. (天気が変わるかどうかわかりません。)
時や条件を表す副詞節中では，未来のある時点までの完了・結果などは，現在完了形で表す。
When we've had lunch, we'll go out for a walk.
(昼食を終えたら，私たちは散歩に出かけます。)

C 未来進行形と未来完了形　参 p. 94-95

❺ Don't call me between 7：00 and 8：00.　**I'll be doing** my homework then.
7 時から 8 時までは電話をしないでくれ。そのころは宿題をやっているだろうから。　▶114. ▲

❻ Next spring, Mr. Tanaka **will have taught** at this school for 40 years.　▶117. ▲
来春で，田中先生はこの学校で40年間教壇に立ったことになります。

❺ 未来進行形(will be ～ing)：「(未来のある時点には)～しているでしょう」

❻ 未来完了形(will have＋過去分詞)：未来のある時までの完了・結果，経験，状態の継続(**❻**)などを
表す。
未来完了進行形(will have been ～ing)：未来のある時までの動作の継続を表す。実際にはあまり
使われない。
The company **will have been producing** shoes for 20 years next month.
(来月がくると，その会社はくつの製造を20年やっていることになる。)

Exercises

1 （　　）内を補うのに最も適切なものを選びなさい。　　　　　**A** **B**

  1. My cousin （　　　　　　） for London the day after tomorrow.

    (a) left　　　　　　(b) is leaving　　　　　(c) has left

  2. Please tell her my address when you （　　　　　　） her.

    (a) see　　　　　　(b) will see　　　　　(c) saw

  3. If it （　　　　　　） this evening, I won't go out.

    (a) rained　　　　　(b) rains　　　　　(c) will rain

  4. I wonder if he （　　　　　　） abroad next year.

    (a) goes　　　　　　(b) will go　　　　　(c) went

  5. Mr. Johnson （　　　　　　） to Chicago on business next month.

    (a) go　　　　　　(b) went　　　　　(c) is going

  6. I want to know when she （　　　　　　） back.

    (a) come　　　　　　(b) will come　　　　　(c) comes

2 ［　　］内の動詞を適切な形にして（　　）内に補いなさい。　　　　　**C**

  1. This book is very long, but I （　　　　　　）（　　　　　　）（　　　　　　） it
    by tomorrow morning.　［read］

  2. If I visit Africa next December, I （　　　　　　）（　　　　　　）
    （　　　　　　） there five times.　［be］

  3. Two days from now you （　　　　　　）（　　　　　　）（　　　　　　） a
    pleasant journey with your friends.　［enjoy］

  4. Next Sunday I （　　　　　　）（　　　　　　）（　　　　　　）
    （　　　　　　） in England for two weeks.　［stay］

3 （　　）内の語を並べかえて，英文を完成しなさい。　　　　　総合

  1. ジャックが到着するまで夕食はお預けです。

    (won't / arrives / dinner / Jack / we / until / start).

    -

  2. 明日のいまごろは，彼女は太平洋の上空を飛んでいることでしょう。

    (will / she / flying / be / over) the Pacific about this time tomorrow.

    -

  3. 今度の6月で，彼はそこに10年間住んだことになるでしょう。

    Next June, (lived / he / have / will / there) for ten years.

    -

助動詞（1）

☑助動詞 can，may，must の用法や意味を理解し，使えるようになろう。

A can

参 p. 100-101, 110-111

❶ Can you swim？ —— Yes, I can, but I can't dive. ▶118.

あなたは泳げますか。——はい，泳げますが，もぐれません。

❷ Can you teach me how to cook fried noodles？ ▶119.

焼きそばの作り方を教えてくれませんか。

❸ You can't be tired.　You've just had a rest. ▶120.

あなたは疲れているはずがありません。休憩をとったばかりでしょう。

---

❶「〜することができる」（＝be able to 〜）：能力を表す。

❷ Can［Could］you 〜？：「〜してくれませんか」と依頼する表現。

　　Can［Could］I 〜？：「〜してもよいですか」と許可を求める表現。

　　　Can［Could］I use the bathroom？—— Yes, of course.

　　　（お手洗いをお借りしてもいいですか。——ええ，いいですとも。）

❸ cannot 〜：「〜のはずがない」という（強い否定の）推量を表す。

✓確認 可能性を表す can は肯定文で「〜することもありうる」，疑問文で「〜がありうるか」，否定文で「〜のはずがない」の意を表す。

✓確認 Will you 〜？：「〜してくれませんか」（依頼）／ Won't［Will］you 〜？：「〜しませんか」（勧誘）／ Shall I 〜？：「〜しましょうか」（相手の意向を尋ねる）／ Shall we 〜？：「（一緒に）〜しましょうよ」（提案）

B may

参 p. 102-103

❹ May I start cooking？ —— Yes, go ahead. ▶121.

料理を始めてもいいですか。——ええ，どうぞ。

❺ Where is Sally？ —— She may be in the gym. ▶122.

サリーはどこかしら。——体育館かもしれません。

---

❹「〜してもよい」：許可を表す。話し言葉では can もよく用いられる。

❺「〜かもしれない」：推量を表す。might や could も用いられるが，確信の度合いが低くなる。

　　Is Jack in his office？ —— I'm not sure.　He **may**［**might**］**not** be in his office.

　　（ジャックは自分のオフィスにいますか。——よくわかりません。〈ひょっとしたら〉オフィスにはいないかもしれませんよ。）

C must

参 p. 104-105

❻ You must wash your hands before you cook. ▶123.

料理をする前に手を洗わなければいけません。

❼ Students must not use cell phones at school. ▶124.

生徒は，学校で携帯電話を使ってはいけません。

❽ Have a rest.　You must be tired. ▶125.

休憩をとりなさい。あなたは疲れているにちがいありません。

---

❻「〜しなければならない」（＝have to 〜）：命令・義務・必要を表す。

❼ must not 〜：「〜してはならない」と禁止を表す。don't have to 〜 や don't need to 〜 は「〜する必要はない」という不必要を表す。

❽「〜にちがいない」：強い肯定の推量を表す。

Exercises

1 次の文を can を用いて書きかえなさい。　A

1. Do you ride a bicycle? Yes, I do, but my sister doesn't.

2. May I speak to you for a minute? Yes, of course.

3. It is impossible that the rumor is true.

2 (　　)内に can, may, must のうち適切なものを入れなさい。　総合

1. You (　　　　　　) not master English in a day or two.
2. Do you know if they are married?
   —— I'm not sure. They (　　　　　　) be married.
3. (　　　　　　) I drive this car?
   —— Yes, you may, but you (　　　　　　) drive carefully.
4. You (　　　　　　) be tired after flying all the way from Hawaii.

3 各組の文がほぼ同じ意味になるように，(　　)内に適語を補いなさい。　総合

1. { Alice is good at playing tennis.
   { Alice (　　　　　　) play tennis (　　　　　　).
2. { Don't speak to your parents like that.
   { You (　　　　　) (　　　　　　) speak to your parents like that.
3. { Dick must get up early to catch the 6:30 bus.
   { Dick (　　　　　) (　　　　　　) get up early to catch the 6:30 bus.
4. { You need not decide now.
   { You don't (　　　　　) (　　　　　　) decide now.
5. { He could not answer the child's questions.
   { He (　　　　　) (　　　　　　) to answer the child's questions.

4 (　　)内の語句を並べかえて，英文を完成しなさい。　総合

1. そんなに早く出かける必要はありません。時間は十分あるのだから。
   (so early / don't / out / we / go / to / have). We have enough time.

2. 明日の朝は寝過ごしてはいけません。大切な会議がありますから。
   You (oversleep / tomorrow / must / morning / not). We are having an important meeting.

Lesson 10 助動詞（2）

☑その他のさまざまな助動詞の用法や意味を理解し，使えるようになろう。

A would, used to

参 p. 106-108, 114

❶ When we were children, we would often play on this beach. ▶129.
子どものころ，私たちはよくこの浜辺で遊んだものだ。

❷ My father used to walk to his office, but now he takes the bus. ▶130.
父はかつては歩いて会社へ行っていましたが，今ではバスを利用しています。

❸ Would you please turn on the light? 明かりをつけてくださいませんか。 ▶143.

❶ would (often) 〜：「かつては〜したものだ」と過去の習慣を表す。
would の否定文には「どうしても〜しようとしなかった」という強い拒絶を表す用法もある。

❷ used to 〜：「（今は〜しないが）かつては〜した」と現在と対比された過去の習慣を表す。「（今は…ではないが）かつては…だった」と過去の状態も表すが，would にはこの用法はない。

❸ Would you 〜？：「〜してくれませんか」とていねいに依頼する表現。＝Will you 〜？（→L. 9）

B should, ought to, had better

参 p. 109

❹ You have a slight fever. You should [ought to] stay home today. ▶132.
少し熱があるわ。今日は家にいなさい。

❺ It's cold. You had better wear a coat. 冷えるので，コートを着たほうがいい。 ▶133.

❻ It's almost 6:00. Mary should [ought to] be home soon. ▶134.
もう6時だ。メアリーはやがて帰って来るはずだ。

should と ought to は基本的な意味は同じである（❹❻）。

❹「（当然）〜するべきだ」：must よりも柔らかく助言や勧告を表す。

❺ had better 〜 も「〜するべきだ，〜するのがよい」を表すが，「〜しないと困ったことになるぞ」というかなり強い響きを持つ。

❻「（当然）〜するはずだ」：当然起こるはずのことがらを表す。

C 助動詞＋have＋過去分詞

参 p. 112-113

❼ Did they win the game? —— I'm not sure. They may have won. ▶139.
彼らは試合に勝ちましたか。——よくわかりません。勝ったかもしれません。

❽ Did Tom hear the news?
—— Yes, he must have heard it. / No, he can't have heard it. ▶140.
トムはその知らせを聞きましたか。——ええ，聞いたにちがいありません。/ いいえ，聞いたはずがありません。

❾ The movie was great. You should [ought to] have come with us. ▶141.
その映画はすごかった。きみも一緒に来るべきだったのに。

may, must, cannot に have＋過去分詞がついて，過去のことがらについての推量を表す（❼❽）。

❼ may have＋過去分詞：「〜した［だった］かもしれない」

❽ must have＋過去分詞：「〜した［だった］にちがいない」
cannot have＋過去分詞：「〜した［だった］はずがない」

should [ought to] に have＋過去分詞がついて，過去のことがらについての非難や後悔を表す（❾）。

❾ should [ought to] have＋過去分詞：「〜すべきだったのに（しなかったのは残念だ）」

Exercises

1 ( )内に would か used to のいずれかを入れなさい。　**A**

1. He ( ) often come to see me on Saturday afternoon.
2. We ( ) live in a small village, but now we live in Tokyo.
3. His father ( ) go on working, though the doctor advised him to take a rest.
4. This building is now a furniture shop.　It ( ) be a theater.
5. I pushed hard, but the door ( ) not open.
6. ( ) you please take me to the airport?

2 次の英文を日本語に直しなさい。　**B**

1. You look tired.　You should go to bed.

2. Tom ought not to drive.　He is too tired.

3. Jim should win this game.　He is a great player.

4. It might rain.　We had better take an umbrella.

3 ( )内の助動詞と下の語を組み合わせ, 英文を完成しなさい。　**C**

1. The grass is wet; it _____ last night.　(must)
2. Dick hasn't got home yet.　He _____ his way.　(may)
3. I saw Ann in the library yesterday.
　── You _____ her; she is still abroad.　(can't)
4. She knew everything about our plans for the vacation. He _____ her our schedule beforehand.　(must)
5. How do you think the fire broke out?
　── Someone _____ a cigarette.　(may)
6. The party was great.　You _____.　(ought to)
7. They left two hours ago, so they _____ by now. (should)
8. There's an ambulance!　Something _____ (must) in the neighborhood.
　[arrive / come / drop / lose / rain / see / tell / happen]

Lesson 11 受動態 (1)

☑受動態の基本用法を理解し，いろいろなパターンの文の受動態を作れるようになろう。

A 受動態の基本形

参 p. 124-125

❶ **Soccer is loved** *by* many people around the world. ▶151.
サッカーは世界中の多くの人たちに愛されています。

❷ His work **was finished** before five o'clock. 彼の仕事は5時前に終えられた。 ▶152.

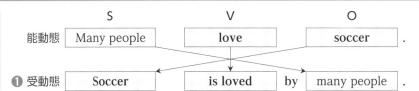

❷ 動作主がわかりきっている場合には，動作主を示す by ... は表されないことが多い。また動作主がわからない場合にも，by ... は表されない。

A new ballpark **was built** in Hiroshima. （新しい野球場が広島に造られました。）

B 受動態の否定文と疑問文

参 p. 126

❸ Mail **is not delivered** on Sunday. 郵便物は日曜日には配達されません。 ▶154.

❹ **Are** the streets **cleaned** every day? 通りは毎日掃除されるのですか。 ▶155.

❺ **When was** this shopping mall **built**? ▶156.
このショッピングセンターはいつ建てられたのですか。

❸ 受動態の否定文：主語＋be-動詞＋not＋過去分詞 ...

❹ 受動態の疑問文：Be-動詞＋主語＋過去分詞 ...?

❺ 受動態の疑問詞疑問文：「いつ［どこで，なぜ，どのように］〜されるか」は，疑問詞＋受動態の疑問文の語順となる。ただし，「何が〜されるか」は，疑問詞主語にそのまま受動態が続く。

What was invented by Alexander Graham Bell?
（アレキサンダー・グラハム・ベルによって何が発明されましたか。）

C S＋V＋O₁＋O₂・S＋V＋O＋C の受動態，群動詞の受動態

参 p. 127-128, 133

❻ **Jim was lent a new computer** by the school. ▶157.
ジムは学校から新しいコンピュータを貸してもらった。

❼ **A new computer was lent** (*to*) **Jim** by the school. ▶158.
新しいコンピュータが学校からジムに貸し与えられた。

❽ My name is Richard, and **I am called** *Dick* by my friends. ▶159.
ぼくの名前はリチャードで，友人たちにはディックと呼ばれています。

❾ Their wedding **was put off** till next June. 彼らの結婚式は来年の6月まで延期された。 ▶168. ▲

第4文型の受動態：O₁ を主語とする場合(❻)と O₂ を主語とする場合(❼)がある。

❻❼ ← The school lent **Jim a new computer**. （S＋V＋O₁＋O₂）

第5文型の受動態：O を主語とし，Cはそのまま残す(❽)。

❽ ← My friends call **me** *Dick*. （S＋V＋O＋C）

群動詞の受動態：動詞＋前置詞［副詞］などが，まとまって1つの他動詞の働きをすると考える(❾)。

The children **were brought up** by their aunt. （その子どもたちはおばに育てられた。）

•▪■ Exercises ■▪•

1 受動態の文にしなさい。　　　　　　　　　　　　　　　　　　**A**

1. A loud cry broke the silence.

   ----

2. They grow many kinds of roses in their garden.　（by ... は不要）

   ----

2 （　　）内の語句を並べかえて，英文を完成しなさい。　　　　**B**

1. その建物は，木に囲まれていない。

   （surrounded / not / is / trees / the building / by）.

   ----

2. 昨日彼の自転車が盗まれたのですか。

   （was / yesterday / stolen / his bicycle）?

   ----

3. 1980年にだれが大統領に選ばれましたか。

   （elected / in / President / was / who / 1980）?

   ----

3 受動態の文にしなさい。　　　　　　　　　　　　　　　　　　**C**

1. Her aunt gave her a pendant.　（2通りの文に）

   ----

2. My father bought me this camera.　（this camera を主語にした文に）

   ----

3. What do you call this animal in English?

   ----

4 斜字体に注意して受動態に書きかえなさい。　　　　　　　　　**C**

1. Her ideas *brought about* a big change in medicine.

   ----

2. Did the car *run over* the dog?

   ----

3. The nurse *took good care of* the sick child.

   ----

4. His aunt *brought* him *up*.

受動態 (2)

☑さまざまな形の受動態の文や，受動態を使った定型的な表現を使えるようになろう。

A 助動詞＋be＋過去分詞，完了形[進行形]の受動態 参 p. 129, 132

❶ The problem of pollution must be solved.　公害問題は解決されなければならない。　▶161.

❷ Where's my bike？　It has been stolen.　▶166. A
ぼくの自転車はどこだ？　盗まれてしまった。

❸ The computer is being repaired, so you can't use it.　▶167. A
そのコンピュータは修理中なので使えません。

❶ 助動詞の後は動詞の原形がくるので，be＋過去分詞を続ける。
　❶ ← We **must** solve the problem of pollution.
❷ 完了形の受動態：have[has, had] been＋過去分詞
❸ 進行形の受動態：be-動詞＋being＋過去分詞

B by 以外の前置詞を用いる受動態 参 p. 130-131

❹ The town was crowded with Christmas shoppers.　▶163.
町はクリスマスの買い物客で混雑していた。

❺ Everybody was surprised at the news.　だれもがそのニュースに驚いた。　▶164.

❻ Don't worry.　Your leg isn't injured seriously.　▶165.
心配しないで。脚のけがはひどくはありませんよ。

慣用的に by 以外の前置詞と結びつく受動態や，日本語では「～される」とはならないが英語では受動態で表現するものもある。

❹ 前置詞の使い分け

> be crowded with ... (…で混雑している)，be filled with ... (…でいっぱいである)，be (well) known to ... (…に(よく)知られている)，be covered with[in] ... (…で覆われている)，be dressed in ... (…を着ている)，be caught in ... (…に(にわか雨など)にあう)，be accustomed[used] to ... (…に慣れている)

❺ 「感情・心理」を表すもの

> be interested in ... (…に興味を持っている)，be surprised at ... (…に驚く)，be pleased[delighted] with ... (…に喜ぶ)，be satisfied with ... (…に満足している)，be tired of ... (…にあきあきしている)

❻ 「被害」を表すもの

> be injured[hurt] (けがをする)，be killed (死ぬ)，be wounded (負傷する)，be delayed (遅れる)

C They say that ... の受動態 参 p. 134

❼ It is said that tortoises live longer than elephants.　▶170. A

❽ Tortoises are said to live longer than elephants.　▶171. A
カメはゾウよりも長生きするそうだ。

この型に用いられる主な動詞：say (❼❽)，report, think, consider, believe, know など

Exercises

1 ( )内に適語を補い，受動態の文を完成しなさい。 **A**

1. They will publish her new book in July.

→ Her new book ( ) ( ) ( ) in July.

2. They will laugh at you if you wear that silly hat.

→ You ( ) ( ) ( ) ( ) if you wear that silly hat.

3. They have changed the date of the meeting.

→ The date of the meeting ( ) ( ) ( ).

4. The committee is discussing the problem.

→ The problem ( ) ( ) ( ) by the committee.

2 ( )内に適切な前置詞を補いなさい。 **B**

1. She was dressed ( ) black then.
2. I'm tired ( ) doing the same things every day.
3. We were caught ( ) a storm on the way.
4. All the hotels here are crowded ( ) skiers.
5. We are not satisfied ( ) your explanation.
6. His name is known ( ) all the people in the town.
7. The little boy was very pleased ( ) the toy.
8. My daughter is interested ( ) world history.
9. Your mother will be delighted ( ) the results of the test.

3 日本文の意味を表すように，( )内に適語を補いなさい。 **B**

1. 多くの人々が第二次世界大戦で亡くなった。

Many people ( ) ( ) ( ) World War Ⅱ.

2. ケンのいとこはその交通事故でひどいけがをした。

Ken's cousin ( ) seriously ( ) ( ) the traffic accident.

4 下線部に適切な語句を補い，受動態の文を完成しなさい。 **C**

1. { They say that he is a world authority on physics.

He _____ a world authority on physics.

2. { People believe that the moon moves around the earth.

It _____ around the earth.

The moon _____ around the earth.

Lesson 13　不定詞 (1)

☑不定詞の名詞用法と形容詞用法を理解し，使い分けられるようになろう。

A　名詞用法

参 p. 144-145, 160

❶ It is dangerous to believe everything on the Internet.　▶174.
インターネット上のすべてのことを信じるのは危険です。

❷ My dream is to study computer engineering at university.　▶175.
私の夢は大学で情報工学を勉強することです。

❸ I want to get some information about current events in the world.　▶176.
私は世界の最新の出来事について情報を得たい。

❹ I found it *easy* to ride a horse.　▶205. ▲
[私は馬に乗るのは簡単だとわかった。→]やってみると，馬に乗るのは簡単だった。

名詞用法の to-不定詞は，「〜すること」という意味を表し，文中で**主語**(❶)・**補語**(❷)・**目的語**(❸❹)となる。

❶ **It is ... to-不定詞**：to-不定詞が主語になる場合は，ふつう形式主語の it を用いて，「〜することは…だ」となる。

❷ **S＋V＋C (to-不定詞)**：「Sは〜することである」

❸ **S＋V＋O (to-不定詞)**：「Sは〜することをVする」
to-不定詞を目的語にとる動詞は，「〜することを意図[希望・決心]する」という意味合いを表すものが多い。

❹ **S＋V＋it＋C＋to 〜**：to-不定詞が S＋V＋O＋C のOになる場合は，必ず形式目的語の it を用いる。it の真目的語が to 〜 である。
it＋C＋to 〜 には，It is C to 〜 の関係が隠れている。
　❹ → It was *easy* to ride a horse.

B　形容詞用法

参 p. 146-147

❺ I need something warm to wear.　私は何か暖かい服が必要です。　▶178.
❻ Neil Armstrong was the first man to walk on the moon.　▶179.
ニール・アームストロングは月面を歩いた最初の人だった。

❼ We had a chance to talk about fashion.　▶180.
私たちはファッションについて話す機会がありました。

形容詞用法の to-不定詞は，名詞や代名詞の後に続いて，「〜する…」と後ろから名詞や代名詞を修飾する働きをする。

❺ **「〜する(ための)…」**：代名詞 something が動詞 wear の意味上の目的語になっている。「〜する(べき)…」となることもある。
　She has **a lot of clothes to give** to her sisters.
　(彼女は妹たちにあげる服をたくさん持っています。)

❻ **「〜する人[物]」**：the first man は walk の意味上の主語になっている。
　It was **a book to explain** how to use the DVD player.
　(それは DVD プレーヤーの使い方を説明する本だった。)

❼ **「〜する(という)…」**：to-不定詞が chance, way, time, reason などを修飾してその内容を説明する。
　I have **no time to speak** to you now.　(今はあなたとお話しする時間はありません。)

Exercises

1 次の 1.〜3. の不定詞の用法と同じものを下から選び，その記号を空所に書きなさい。 〔A〕

1. It is difficult to stop smoking. （　　　）
2. My hope is to study music in Italy. （　　　）
3. I want to take a trip somewhere. （　　　）
   - (a) He hoped to be a professional baseball player.
   - (b) Her job was to teach boys and girls swimming.
   - (c) It's nice to see you again.

2 下線部に，下の語群から適語を選び，to-不定詞にして補いなさい。 〔A〕

1. My son's hope is ＿＿＿＿＿＿＿＿ to Tokyo Disneyland first.
2. I hope ＿＿＿＿＿＿＿＿ a good time at Lucy's party.
3. It is not good for your health ＿＿＿＿＿＿＿＿ between meals.
4. He's very shy, and finds it difficult ＿＿＿＿＿＿＿＿ to people.
5. It is impossible ＿＿＿＿＿＿＿＿ the work in an hour.
   [talk / have / finish / go / eat]

3 下線部を to-不定詞を使って書きかえなさい。 〔B〕

1. I want something that I can drink now.

   ----

2. I have some letters that I have to write.

   ----

3. There are many places which we should visit in Kyoto.

   ----

4. Yoshiko was the first student who finished writing the answers.

   ----

4 （　　）内の語を並べかえて，英文を完成しなさい。 〔総合〕

1. 約束を守ることはとても大事なことです。

   (keep / is / very / it / important / to) your promise.

   ----

2. ラッシュアワーを避けることは賢明だと思います。

   I (to / consider / smart / avoid / it) rush hours.

   ----

3. 私にはきみの宿題を手伝ってあげる時間はありません。

   I have (help / no / time / to) you with your homework.

Lesson 14 不定詞 (2)

☑不定詞の副詞用法を理解し，意味上の主語を使って表せるようになろう。

A 副詞用法（「目的」「結果」）

参 p. 148-149

❶ My mother goes to the supermarket to buy some food. ▶181.
母は食料を買うためにスーパーへ行きます。

❷ He came in quietly so as *not* to wake the child. ▶182.
子どもを起こさないように，彼は静かに入って来た。

❸ He awoke to find himself in a strange room. ▶183.
［目が覚めて，彼は自分自身を見知らぬ部屋の中に見いだした。→］目が覚めてみると，彼は見知らぬ部屋にいた。

副詞用法の to-不定詞は，動詞や形容詞を修飾する。「目的」などを表すいくつかの用法がある。

❶「～するために」：目的を表す。in order [so as] to ～ となることもある。

❷「～しないように」：**❶**の形を否定形にすると，not to ～，in order [so as] not to ～ となる。

✓確認 to-不定詞の否定形は，not や never を to の直前に置く。

❸「(…して)その結果(～する)」：結果を表す。
　　He lived **to be** 90. （[彼は生きて，その結果90歳になった。→]彼は90歳まで生きた。）

B 副詞用法（「感情の原因」「判断の根拠」「形容詞を限定」）

参 p. 149-150

❹ I was happy to see the clean kitchen. ▶184.
私はきれいな台所を見てうれしかった。

❺ You were very nice to drive me home. ▶185.
家まで車で送ってくださるなんてあなたはとても親切でしたね。

❻ This cake is very easy to make. ▶186.
このケーキは作るのがとても簡単です。

---

❹「～して(うれしい)」：感情が生じた原因を表す。

❺「～するとは(…だ)」：判断を下した根拠を表す。
　　❺＝How **nice** you were **to drive** me home!

❻「～するのが(…だ)」：どういう点で easy か(形容詞の内容)を表し，形容詞を限定する。
　　❻＝It is very **easy to make** this cake.

C to-不定詞の意味上の主語

参 p. 151

❼ It is fun for *me* to send an email in English to my Canadian friend. ▶187.
私はカナダ人の友だちに英語でEメールを送るのが楽しい。

❽ It was careless of *you* to leave your umbrella in the train. ▶188.
かさを列車に置き忘れるとは，あなたも不注意でしたね。

---

❼ It is ... for A to ～：「Aが～することは…だ」
　　to-不定詞の意味上の主語は for A で表し，for A to ～ の形とする。

❽ It is ... of A to ～：「～するとはAは…だ」
　　「…」に「人の性質・性格を表す形容詞」が来る場合は，to-不定詞の意味上の主語は of A で表し，
　　of A to ～ の形となる。
　　「人の性質・性格を表す形容詞」＝kind, good, nice, clever, foolish, polite など

•▪■ Exercises ■▪•

❶ ( )内の語句を並べかえて，英文を完成しなさい。　　　　　　　**A**

1. What do we have to do (meet / order / to / their wishes / in)?

---

2. Be careful (to / not / the toast / burn).

---

3. My parents took a taxi (not / as / miss / so / to) the first train.

---

4. The boy has grown up (man / young / a / be / to / promising).

---

❷ 次の 1.～4. に続く語句を右の (a)～(d) から選び，英文を完成しなさい。　**B**

1. I'm sorry ( )　　　　　　(a) to translate.
2. I was foolish ( )　　　　　(b) to heat.
3. This room is difficult ( )　　(c) to disturb you.
4. Poems are hard ( )　　　　(d) to love such a man.

❸ 空所に 1 語を補って日本語に直しなさい。　　　　　　　　　　**C**

1. It is not easy ( ) me to write good English.

---

2. It is very important ( ) you to keep this a secret.

---

3. It was kind ( ) you to clean my room.

---

❹ ( )内の語を並べかえて，英文を完成しなさい。　　　　　　　総合

1. きみにたいへん迷惑をかけてごめんなさい。

I'm sorry (trouble / you / to / much / give / so).

---

2. 切符をなくすなんて彼女はなんて不注意なんだ。

(lose / careless / is / to / how / she) her ticket!

---

3. 電車に乗り遅れるとは，あなたは不注意でしたね。

(you / was / careless / of / it / to / miss) the train.

---

15 不定詞 (3)

☑不定詞を使ったさまざまな表現を理解し，使えるようになろう。

A S+V+O+to-不定詞 参 p. 152-153

❶ Kathy wants her parents to take her to New York. ▶189.
キャシーは両親にニューヨークに連れて行ってもらいたがっている。

❷ Our teacher told us to perform an English play at the school festival. ▶190.
先生は私たちに，文化祭で英語劇をするようにと言いました。

❸ He doesn't allow anyone to smoke in his house. ▶191.
彼は自分の家の中ではだれにもタバコを吸わせない。

この型では，Oが to-不定詞の意味上の主語になる。

❶ 「Oに～してもらいたい」の型：want (❶)，wish，prefer，expect
❷ 「Oに～しなさいと言う」の型：tell (❷)，ask，advise，require，recommend，order，warn
❸ 「Oに～させる」の型：cause，get，force，allow (❸)，permit，persuade，enable

B S+使役動詞+O+動詞の原形，S+知覚動詞+O+動詞の原形 参 p. 154-155

❹ The coach made us run every day. コーチは私たちを毎日走らせた。 ▶192.
❺ Her father didn't let her go abroad. 彼女の父親は彼女を外国に行かせなかった。 ▶193.
❻ I'll have the gardener plant some trees. 私は庭師に何本か木を植えてもらいます。 ▶194.
❼ They saw Tom get into his car. 彼らはトムが車に乗り込むのを見た。 ▶195.
❽ I heard him start the engine. 私は彼がエンジンをかけるのを聞いた。 ▶196.

使役動詞+O+動詞の原形：「Oに～させる」 (❹❺❻)
❹ make+O+動詞の原形：「(無理やりに) Oに～させる」と強制的な意味になることが多い。
❺ let+O+動詞の原形：「(許可を与えて) Oに～させ(てや)る」と相手の望む行為を許す。
❻ have+O+動詞の原形：「Oに～させる[してもらう]」という意味で，make ほどの強制力はない
が目下の者に命じたり，特定の職業の人に依頼するときに用いる。
知覚動詞+O+動詞の原形：「Oが～するのを知覚する」 (❼❽)
知覚動詞…see (❼)，hear (❽)，listen to，watch，look at，feel，notice など
There was an explosion and she **felt** the building **shake**.
(爆発があって，彼女は建物が揺れるのを感じた。)

C too ... to ～ / ... enough to ～ 参 p. 156-157

❾ My grandmother is too old to travel alone. ▶197.
私の祖母は年をとりすぎていて 1 人旅はできません。

❿ I was hungry enough to eat two hamburgers. ▶198.
ぼくはハンバーガーを 2 つ食べられるほどおなかがすいていました。

❾ too ... to ～：「～するには…すぎる，…すぎて～できない」
so ... that S cannot ～ で書きかえることもできる。
❾＝My grandmother is so old **that** she **cannot travel** alone.

❿ ... enough to ～：「～できるほど(十分に)…，(十分に)…なので～できる」
so ... that＋肯定文で書きかえることもできる。
❿＝I was so hungry **that** I **could eat**[I **ate**] two hamburgers.

Exercises

❶ （　　）内の日本文を英語に直し，英文を完成しなさい。　**A**

1. Ann asked（トムに家にいるように）.

2. Our teacher advised us（多くの本を読むように）.

3. Did your boss order you（その仕事を終えるように）by five?

4. I expect（彼がその会に出席する）today.

❷ 例にならって英文をつくりなさい。　**B**

（例）The girl went out.（I heard ...）→ I heard the girl go out.

1. We studied English harder.（The teacher made ...）

2. I drove his car yesterday.（He let ...）

3. The earth shook under my feet.（I felt ...）

4. Children talked.（My grandmother liked to listen to ...）

❸ 各組の文がほぼ同じ意味になるように，下線部を補いなさい。　**C**

1. { He was so rich that he could buy the expensive car.
   { He was rich _____.

2. { She was so sleepy that she couldn't sit up late that night.
   { She was too _____.

3. { You are too young to tell what love is like.
   { You are not old _____.

❹ （　　）内の語を並べかえて，英文を完成しなさい。　総合

1. 息子に電話をかけ直させましょうか。

   (shall / son / have / my / I / call) you back?

2. その子は1人で旅行ができるほどの年齢になっていない。

   The child (alone / enough / is / not / old / to / travel).

16 不定詞 (4)

☑不定詞を使ったさまざまな表現を理解し，使えるようになろう。

A 疑問詞＋to-不定詞

参 p. 158

❶ I don't know what to do.　私は何をすればいいかわかりません。　▶200.

❷ I'll show you how to breakdance for the school festival.　▶201.
文化祭のためにブレイクダンスの踊り方を教えてあげましょう。

to-不定詞が**疑問詞**や **whether**「…かどうか」の後に続いて，全体として名詞の働きをする。

❶ what to ～「何を～するべきか」
　　❶＝I don't know **what** I should do.
　　cf. what books to read（どんな本を読むべきか）

❷ how to ～「どのように～するべきか，～しかた」
　　❷＝I'll show you **how** you should breakdance for the school festival.

who(m) to meet first（最初にだれに会うべきか），which to buy（どちらを買うべきか），which way to take（どちらの道を行くべきか），when to leave（いつ出発するべきか），where to go（どこへ行くべきか），whether to go（or not）（行くべきかどうか）

B seem to ～，to-不定詞の完了形

参 p. 162-163

❸ Jenny seems to like her new bike.　ジェニーは新しい自転車を気に入っているようだ。　▶210. A

❹ Oh, no!　I seem to have forgotten my wallet.　▶213. A
あらいやだ。財布を忘れてきたみたいだわ。

❸ seem[appear] to ～：「～のようだ」
　　❸＝**It seems that** Jenny **likes** her new bike.

❹ seem[appear] to have＋過去分詞：「～した[…であった]ようだ」
　　❸では，to-不定詞が述語動詞(seem)の表す時と「同じ時」を表すのに対して，to have＋過去分詞（完了形の to-不定詞）は述語動詞の表す時よりも「以前の時」を表す。
　　❹＝**It seems that** I **have forgotten** my wallet.

C to-不定詞を含む慣用表現

参 p. 166-167

❺ If you need me, I'm ready to help.　私が必要でしたら，喜んでお手伝いします。　▶220. A

❻ To tell the truth, I don't like her.　実を言うと，彼女は好きではありません。　▶221. A

❺ be ready to ～（喜んで～する）(❺)，come[get] to ～（～するようになる），turn out (to be) ...（後になって…だとわかる），be willing to ～（～する気がある，快く～する）⇔ be unwilling to ～（～するのは気が進まない），be anxious[eager] to ～（しきりに～したがっている），be sure[certain] to ～（きっと～する），be apt[liable] to ～（～しがちである），be free to ～（自由に～することができる），be likely to ～（～しそうだ，～する可能性が高い），be unable to ～（～できない）

❻ 独立不定詞：to tell the truth「実を言うと」などと，文のほかの部分から独立したイディオム。

> to be frank with you（率直に言えば），to say nothing of[not to mention] ...（…は言うまでもなく），needless to say（言うまでもなく），strange to say（奇妙な話だが），to begin with（まず第一に），to make matters worse（さらに悪いことには），so to speak（＝as it were）（いわば），to be sure（確かに，なるほど）

1 下線部に，（　　）内の日本語を参考にして適語を補いなさい。　　　　**A**

1. My father taught me ＿＿＿＿＿＿ ＿＿＿＿＿＿ play chess. （方法）
2. We will have to find out ＿＿＿＿＿＿ ＿＿＿＿＿＿ do next. （何を）
3. I don't know ＿＿＿＿＿＿ ＿＿＿＿＿＿ switch the machine off. （いつ）
4. Have you decided ＿＿＿＿＿＿ ＿＿＿＿＿＿ go for your holidays?

（どこに）

5. I didn't know ＿＿＿＿＿＿ ＿＿＿＿＿＿ laugh or cry. （…かどうか）

2 斜字体を主語とした文に書きかえなさい。　　　　**B**

1. It appeared that *Ken* knew everything about it.

2. It seems that *we* have lost our way.

3 次の英文を日本語に直しなさい。　　　　**C**

1. They are likely to be late.

2. We are ready to help if you need us.

3. To be sure, we have heard such promises before.

4. She can speak French and German, to say nothing of English.

4 （　　）内の語を並べかえて，英文を完成しなさい。　　　　総合

1. 私はたくさんドレスを持っていて，今晩どのドレスを着るべきかわからない。

I have a lot of dresses, but I don't know (one / to / tonight / wear / which).

2. ミチコは魚があまり好きではないようだ。

Michiko (much / fish / to / very / seem / like / doesn't).

3. 正直に言って，私は彼が好きだ。

(be / to / you / frank / with), I love him.

動名詞 (1)

☑動名詞の基本用法を理解し，動名詞と to-不定詞の使い分けができるようになろう。

A 動名詞の基本用法　　参 p. 172-173

❶ **Parking** a car on the street is bad manners.　道端に車を駐車することは悪いマナーです。　▶222.

❷ Her share is **cleaning** the living room.　彼女の分担は，リビングの掃除をすることです。　▶223.

❸ I'll start **keeping** a diary in English.　私は英語で日記をつけはじめるつもりです。　▶224.

❹ I'm afraid **of making** mistakes when I speak English.　▶225.
私は英語を話すときに間違うのが怖い。

「〜すること」という意味を表し，文中で名詞の働きをする動詞の〜ing 形を**動名詞**という。

❶ 主語の働きをする動名詞＝**It** is bad manners **to park** a car on the street.

❷ 補語の働きをする動名詞＝Her share is **to clean** the living room.

❸ 目的語の働きをする動名詞＝I'll start **to keep** a diary in English.

❹ 前置詞の目的語になる動名詞：to-不定詞にこの用法はない。
be accustomed[be used] to ... (→L. 12) などの，前置詞 to＋ 〜ing に注意。
I'm looking forward **to hearing** from you soon.
(すぐにあなたからお便りがあるのを楽しみにしています。)

B S＋V＋O (動名詞と to-不定詞) (1)　　参 p. 174-175

❺ Ann **enjoys cooking** dinner for her family.　▶227.
アンは家族のために夕食を作るのが楽しみです。

❻ He hasn't **finished studying** yet tonight.　彼は今夜はまだ勉強を終えていません。　▶228.

❼ Don't **put off going** to see the dentist.　歯医者に診てもらうのを先に延ばすな。　▶229.

動名詞を目的語として，to-不定詞は目的語としない動詞

enjoy (❺), finish (❻), put off (❼), stop[give up], avoid, deny, admit, imagine, mind, miss, practice, suggest

to-不定詞を目的語として，動名詞は目的語としない動詞

wish[hope, want, expect], decide, promise, offer, agree, refuse, pretend

C S＋V＋O (動名詞と to-不定詞) (2)　　参 p. 176-177

❽ I **remember crying** on my first day at school.　▶230.
私は初めて学校へ行った日に泣いたことを覚えています。

❾ Please **remember to mail** the letter.　▶231.
[手紙を出さなければいけないことを覚えておいてね。→]忘れずに手紙を出してね。

目的語として動名詞と to-不定詞のいずれもとるが，どちらを目的語とするかによって意味が違ってくる動詞がある。**動名詞は過去のことがらを表し**(❽)，**to-不定詞は未来のことがらを表す**(❾)。

remember forget regret	＋	〜ing to 〜	⟹ ⟹	(過去に)〜したことを 〜しなければならないことを	覚えている 忘れる 残念に思う

try 〜ing は「ためしに〜してみる」となり，try to 〜 は「〜しようとする」となる。

◆■ Exercises ■◆

1 下の語群から適語を選び，動名詞にして補いなさい。　**A**

1. Playing soccer is a sport, and _____ mountains is a kind of sport.
2. My brother's hobby is _____ wild birds.
3. We can learn a lot of things by _____ good books.
4. I'm looking forward to _____ you again in Kobe.
   [watch / see / climb / read]

2 斜字体の動詞を to-不定詞か動名詞にかえて，並べかえなさい。　**B**

1. You (*speak* / English / practice / should) if you want to study abroad.

   ----

2. My uncle (election / *win* / missed / the) by 107 votes.

   ----

3. He (again / promised / *come*) the next day.

   ----

3 (　　)内から適切なものを選びなさい。　**C**

1. Don't forget (take / to take / taking) this medicine within thirty minutes after dinner.
2. I remember (see / to see / seeing) him somewhere before.
3. She tried (ask / to ask / asking) Gerry for some money, but he couldn't help her.

4 (　　)内の語を並べかえて，英文を完成しなさい。　総合

1. すぐもっとよいアパートが見つかるといいと思います。
   I (apartment / find / better / to / hope / a) soon.

   ----

2. 突然彼女は何も言わずに部屋を出た。
   Suddenly she left (without / room / saying / the / anything).

   ----

3. 小切手にサインするのを忘れましたね。
   (forgot / sign / you / the / to / check).

   ----

4. 彼は 8 歳のときにパリに行ったことをはっきりと覚えている。
   (going / he / clearly / to / remembers / Paris) when he was eight.

☑ さまざまな形の動名詞を使い分け，動名詞の慣用表現を使えるようになろう。

A 動名詞の意味上の主語，完了形の動名詞　　参 p. 178-179

❶ He is proud of his father being a police officer.　　▶232. ▲
彼は父親が警官であることを誇りにしている。

❷ Do you mind my moving your car?　あなたの車を動かしてもいいですか。　　▶233. ▲

❸ He was not aware of having hurt her feelings.　　▶234. ▲
彼は彼女の感情を傷つけたことに気づいていなかった。

❶ 動名詞の意味上の主語：名詞＋動名詞，あるいは名詞's＋動名詞で表す。
  ❶＝He is proud that **his father is** a police officer.
  cf. He is proud of **being** a police officer.＝He is proud that **he is** a police officer.
    （彼は警官であることを誇りにしている。）

❷ 動名詞の意味上の主語：意味上の主語が代名詞のときは，所有格［目的格］＋動名詞で表す。
  ❷＝Do you mind if **I move** your car?
  cf. Do［Would］you mind **moving** your car?　（車を動かしてくれませんか。）

❸ 動名詞の完了形 (having＋過去分詞)：動名詞の表す「時」が，（述語）動詞の表す「時」よりも「以前の時」であることを明示したいときに用いられる。
  ❸＝He **was** not aware that he **had hurt** her feelings.
  動名詞の否定形：not［never］＋～ing となる。
    Would you mind **not smoking** here?
    （ここではタバコは吸わないでいただけませんか。）
  動名詞の受動態：being＋過去分詞となる。
    I'm tired of **being treated** like a child.
    （私は子どものように扱われることにうんざりしています。）

B 動名詞を含む慣用表現　　参 p. 180-181

❹ It's no use complaining about the weather.　天気のことで不平を言ってもむだだ。　▶235. ▲

❺ There is no telling when the storm will end.　嵐がいつおさまるかわからない。　▶236. ▲

❻ Do you think a second language is worth learning?　　▶237. ▲
第二言語を学ぶ価値があると思いますか。

❹ It is no use［no good］～ing：「～してもむだだ」（＝There is no point in ～ing）
  It's no good **talking** to him, because he never listens.
  （彼に話してもむだだよ。けっして耳を傾けないから。）
  There's no point in hanging out the laundry when it's raining.
  （雨が降っているときに洗濯物を外に干したってむだだ。）

❺ There is no ～ing：「～することはできない」

❻ be worth ～ing：「～するだけの価値がある」

その他

on ～ing（～するとすぐに），in ～ing（～するとき），feel like ～ing（～したい気分だ），prevent［keep, stop］... from ～ing（…が～するのを妨げる），It goes without saying that ...（…は言うまでもない），What do you say to ～ing?（～してはどうですか，～しませんか）

Exercises

1 動名詞を用いて書きかえなさい。 **A**

1. Do you mind if I turn on the television?

2. He insisted that I should take responsibility for the accident.

3. She is sure that her nephew will pass the examination.

2 （　）内の動詞を適切な形にしなさい。 **A**

1. He denied (be) in the area on the night of the fire. _____

2. Mary is proud of her son (pass) his examination last week. _____

3. Every child objects to (scold) that way in public. _____

3 （　）内に下の語群から適語を補いなさい。 **B**

1. It is no (　　　　　) persuading her to give up the plan.

2. These poems are (　　　　　) learning by heart.

3. It goes (　　　　　) saying that diligence is the key to success.

4. (　　　　　) hearing the noise, she jumped out of the bed.

5. She didn't (　　　　　) like dancing with him.

[worth / good / on / feel / without]

4 （　）内の語句を並べかえて，英文を完成しなさい。 総合

1. 大丈夫，彼はきっと会に出席すると思うよ。

   You can depend (attending / his / meeting / on / the).

2. 彼女は招待されなかったことを怒っている。

   She's angry about (invited / having / not / been).

3. 父は兄がうそをついたことに腹を立てた。

   My father got angry at (told / brother / having / a lie / my).

4. 土曜の夜コンサートに行きませんか。

   (going / you / say / to / what / do) to the concert Saturday night?

☑分詞の基本用法について理解し，知覚動詞・使役動詞と分詞を使った表現を使えるようになろう。

A 分詞の基本的用法　　　　　　　　　　　　　　　　　参 p. 186-187, 189-190

❶ The **fighting men** are very big.　　戦っている男の人たちはとても大きい。　　▶238.

❷ He's **a sumo wrestler loved** *by many people*.　　　　　　　　▶241.
彼は多くの人たちに愛されている相撲取りです。

❸ The old lady **sat reading** a book by the fire.　　　　　　　　▶244.
その老婦人は暖炉のそばに座って，本を読んでいた。

❹ He **kept** *me* **waiting** in the rain.　　彼は私を雨の中待たせた。　　▶246.

❶ 現在分詞＋名詞，名詞＋現在分詞 ... : 「～している…」
　　分詞が単独のときは，ふつう名詞の前に分詞が置かれる。
　　　　The men are fighting.　➡　the **fighting men**

❷ 過去分詞＋名詞，名詞＋過去分詞 ... : 「～された…」
　　分詞がほかの語句を伴うときは，名詞の後ろに分詞が置かれる。
　　　　He's **a sumo wrestler** loved *by many people*.

　　　　＝He's **a sumo wrestler** who is **loved** *by many people*.

補語となる分詞
❸ S＋V＋C (分詞) : 主語と分詞との間に，意味上「S＋be-動詞＋分詞」の関係が隠れている。
　　Ann **felt hurt** at Bob's words.　（アンはボブの言葉に心を傷つけられた。）
❹ S＋V＋O＋C (分詞) : 目的語と分詞の間に，意味上「S＋be-動詞＋分詞」の関係が隠れている。
　　He **left** *his car* **unlocked**.　（彼はロックしないで車を離れた。）

B 知覚動詞＋O＋分詞　　　　　　　　　　　　　　　　　　参 p. 191

❺ I **saw** *Ann* **waiting** for a bus.　　私はアンがバスを待っているのを見た。　▶248.

❻ I **heard** *my name* **called**.　　私は自分の名前が呼ばれるのを聞いた。　▶249.

目的語と分詞の間に，意味上「S＋be-動詞＋分詞」の関係が隠れている。
❺ 知覚動詞＋O＋現在分詞 : 「Oが～しているのを知覚する」*cf.* 知覚動詞＋O＋動詞の原形(→L. 15)
　　❺ ← Ann **was waiting** for a bus.
❻ 知覚動詞＋O＋過去分詞 : 「Oが～されるのを知覚する」
　　❻ ← My name **was called**.

C have[get]＋O＋過去分詞　　　　　　　　　　　　　　参 p. 198-199

❼ Lisa **had the roof repaired** yesterday.　　リサは昨日屋根を修理してもらった。　▶261. ▲

❽ I **had**[**got**] **my hand caught** in the door.　　私はドアに手をはさまれた。　▶262. ▲

❼ 「Oを～してもらう」（使役）
　　cf. She **had** a famous painter **paint** her portrait. (→L. 15)
　　　　＝She **got** a famous painter **to paint** her portrait.
　　　　（彼女はある有名な画家に肖像画を描いてもらった。）
❽ 「Oを～される」（被害）

•▪■ Exercises ■▪•

1 ( )内の語を並べかえて，英文を完成しなさい。 **A**

1. Do you know the boy (the / standing / gate / by)?

----

2. Can I put these eggs (water / the / into / boiling)?

----

3. It is said that the book (the / most / in / read / world) is the Bible.

----

2 例にならって英文をつくりなさい。 **B**

（例）Mary was looking into a shop window. （We saw ...）
 → We saw Mary looking into a shop window.

1. Something is burning. （Can you smell ...?）

----

2. His heart was beating fast. （He could feel ...）

----

3. His name was called in the crowded bus. （He heard ...）

----

3 ( )内の動詞を，to-不定詞，動詞の原形，過去分詞のいずれかにしなさい。 **C**

1. I'll have my brother (come) early tomorrow morning. _____

2. I had my personal computer (repair). _____

3. Let's get Meg (try) the new dish. _____

4. I'll try to get John (go) to the meeting. _____

5. He had a fight and got his arm (break). _____

4 ( )内の語句を並べかえて，英文を完成しなさい。 **総合**

1. この湾でとれた魚はとてもおいしい。

(caught / in / the fish / this bay) taste quite good.

----

2. 私たちは店が閉まっているのを知ってがっかりした。

We were disappointed (closed / store / to / the / find).

----

3. ドアの取っ手が回りません。すぐに修理していただけますか。

This door knob won't turn. （you / have / fixed / it / would） at once?

Lesson 20 分詞 (2)

☑分詞構文のしくみを理解し，さまざまな意味・形の分詞構文を使えるようになろう。

A 現在分詞・過去分詞で始まる分詞構文

参 p. 194-195

❶ **Turning** on the TV, Ann sat down on the sofa. ▶253.

テレビをつけて，アンはソファーに座った。

❷ **Written** in easy English, this book is suitable for beginners. ▶255.

やさしい英語で書かれているので，この本は初心者向きである。

分詞構文：同じ主語・同じ時制で表される2つの文の一方が，現在分詞(❶)や過去分詞(❷)で始まる句で表現されるもの。

分詞構文の作り方：(1) 主たる文と同じ主語を省く。(2) 主たる文と同じ時制の動詞を，現在分詞 (能動態の場合) か過去分詞 (受動態の場合) にする。

B 分詞構文の表す意味

参 p. 196-197, 201

❸ The boy rowed the boat, **singing** a song.　少年は歌を歌いながらボートをこいだ。 ▶257.

❹ **Walking** along the street yesterday, I met Sally. ▶258.

昨日通りを歩いていて，私はサリーに出会った。

❸ 同時に起こることがら：「～しながら(…する)」

❹ 時：「～していたときに(…する)」「～していて(…する)」

　　❹＝**When**[**While**] I was walking along the street yesterday, I met Sally.

❶ 連続して起こることがら：「～して(…する)」

　　❶＝**When** she turned on the TV, Ann sat down on the sofa.

❷ 理由：「～なので(…)」

　　❷＝**Because** it is written in easy English, this book is suitable for beginners.

A ✓確認 分詞構文の否定形は，not[never]＋分詞構文となる。

C さまざまな分詞構文

参 p. 200-202

❺ **Having eaten** his dinner, he ran out of the house. ▶263. A

夕食をすますと，彼は家を飛び出して行った。

❻ **The day being** fine, we decided to go swimming. ▶264. A

天気がよかったので，私たちは泳ぎに行くことにした。

❼ **Frankly speaking**, you are mistaken.　率直に言って，あなたは間違っています。 ▶267. A

❺ Having＋過去分詞 (完了形の分詞構文)：主たる文の(述語)動詞の表す「時」よりも「以前の時」を表す。

　　❺＝After he **had eaten** his dinner, he **ran** out of the house.

❻ 主語＋分詞構文 (独立分詞構文)：分詞構文の主語が主たる文の主語と異なる場合。

　　❻＝Because **the day** was fine, **we** decided to go swimming.

❼ 慣用的な分詞構文

> frankly speaking (率直に言えば)(❼)，generally speaking (一般的に言えば)，strictly speaking (厳密に言えば)，personally speaking (個人的に言えば)，judging from ... (…から判断すれば)，talking [speaking] of ... (…と言えば)，weather permitting (天気が許せば，天気がよければ)，all things considered (あらゆることを考慮に入れると)

Exercises

1 各文を分詞構文を使って書きかえなさい。　　　　　　　　　　　　**A B**

1. As we live in the country, we can get fresh vegetables.
   _____ in the country, we can get fresh vegetables.
2. While I was jogging in the park, I happened to meet Mr. Abe.
   _____ in the park, I happened to meet Mr. Abe.
3. I entered the room and I found him reading a book.
   _____ the room, I found him reading a book.
4. The little girl raised her hand and stopped a taxi.
   _____ her hand, the little girl stopped a taxi.
5. Because it was painted white, our house looked quite new.
   _____ white, our house looked quite new.
6. When she was left alone in the room, she began to cry.
   _____ alone in the room, she began to cry.

2 各組の文がほぼ同じ意味になるように，（　　　）内を補いなさい。　　**B C**

1. ┌ After he had failed several times, he succeeded at last.
   └ (　　　　　　) (　　　　　　　　) several times, he succeeded at last.
2. ┌ As it was very hot, he began to work in his shirt.
   └ (　　　　　　) (　　　　　　　　) very hot, he began to work in his shirt.
3. ┌ If we speak strictly, England is not "Eikoku."
   └ (　　　　　　) (　　　　　　　　), England is not "Eikoku."
4. ┌ We're going to have a picnic if the weather permits.
   └ We're going to have a picnic, (　　　　　　) (　　　　　　).
5. ┌ When the sun had set, they started for home.
   └ The sun (　　　　　　) (　　　　　　), they started for home.
6. ┌ As I did not know what to say, I remained silent.
   └ (　　　　　　) (　　　　　　) what to say, I remained silent.

3 斜字体に注意して，次の英文を日本語に直しなさい。　　　　　　　**C**

1. *Frankly speaking*, I don't like your haircut.

   ....

2. *Generally speaking*, Japanese people are hard workers.

   ....

3. *Judging from his expression*, he is in a bad mood.

   ....

Lesson 21 比較 (1)

☑原級・比較級・最上級を使って比較する文を書けるようになろう。

A   A ... as＋原級＋as B
参 p. 213

❶ I'm **as happy as** you. ▶275.
私はあなたと同じくらいうれしいです。

❷ Rome is an old city, but it's **not as old as** Athens. ▶276.
ローマは古い都市だが，アテネほど古くはない。

> ❶ A ... as＋原級＋as B：「AはBと同じぐらい〜である」（A＝B）
> ❷ A ... not as[so]＋原級＋as B：「AはBほど〜でない」（A＜B）
>   ❷＝Athens is **older than** Rome.

B   A ... 比較級＋than B
参 p. 214-215

❸ Health is **more important than** money. ▶277.
健康はお金よりも大切である。

❹ To me, science is **much more interesting than** English. ▶278.
私には，科学のほうが英語よりずっとおもしろい。

❺ My father is **three years older than** my mother. ▶279.
父は母より3歳年上です。

> 比較級の作り方（→p. 104）
> ❸ A ... 比較級＋than B：「AはBよりも〜」（A＞B）
> ❹ 比較級の強調：much[far, a lot, even, still]＋比較級の形で，「はるかに[ずっと]〜」となる。
> ❺ 程度の差を表す表現：数量を表す語句＋比較級の形で，「…だけ〜である」となる。

C   the＋最上級＋in[of] ...
参 p. 216-217

❻ Mary is **the tallest** girl **in** our class. ▶280.
メアリーは私たちのクラスの中で一番背が高い女の子です。

❼ Bob likes history **(the) best of** all subjects. ▶281.
ボブはすべての科目の中で歴史が一番好きだ。

❽ Alaska is **much[by far] the largest** state **in** the USA. ▶282.
アラスカは合衆国でずば抜けて大きな州である。

❾ Los Angeles is **the second largest** city **in** the U.S. ▶283.
ロサンゼルスは合衆国で2番目に大きな都市だ。

> 最上級の作り方（→p. 104）
> ❻ the＋最上級＋in ...：「…の中で一番〜である」
>   in の後には「場所(the USA など)」や「集団(our class など)」を表す単数名詞がくる。
> ❼ the＋最上級＋of ...：「…の中で一番〜である」
>   of の後には「複数のもの(all subjects など)」や「特定の期間(the year など)」を表す語句がくる。
>   副詞の最上級には the をつけたりつけなかったりする。《米》では the をつけることが多い。
> ❽ 最上級の強調：much[by far]＋the＋最上級の形で，「ずば抜けて(一番)〜」となる。
> ❾ the second[third, fourth, ...]＋最上級＋名詞：「X番目に〜な…」

Exercises

1 日本語の意味を表すように，空所に1語を補いなさい。 **A**

1. トムは12歳だが父親と同じくらい背が高い。

    Tom is twelve years old, but he is (　　　　) (　　　　)
    (　　　　) his father.

2. あの犬を見てよ。小馬くらいの大きさだ。

    Look at that dog.　It's (　　　　) (　　　　) (　　　　) a pony.

3. ぼくはケンほどに上手に英語を話せない。

    I (　　　　) speak English (　　　　) well (　　　　) Ken.

4. この本はきみが考えるほどやさしくない。

    This book is (　　　　) (　　　　) (　　　　) as you think.

2 次の各文の(　　)内の語を，比較級に直しなさい。 **B**

1. My brother is (young) than his sister.　　　　　　(　　　　)
2. My homework is (difficult) than yours.　　　　　(　　　　)
3. Jane can sing much (well) than Mary.　　　　　(　　　　)
4. This morning I got up a little (late) than yesterday.　(　　　　)

3 次の各文を日本語に直しなさい。 **C**

1. The Sahara is the biggest desert in the world.

    ----

2. Iron is the most useful of all metals.

    ----

3. This is by far the best restaurant in town.

    ----

4 (　　)内の語を並べかえて，英文を完成しなさい。 **総合**

1. そのジャケットが3つの中で一番値段が高い。

    The jacket is (of / the / the / expensive / three / most).

    ----

2. 彼女は服よりも本に多くのお金を使う。

    She spends (books / money / on / than / more) on clothing.

    ----

3. この部屋はホテルで最もすてきな部屋の1つです。

    This is (rooms / nicest / one / the / of) in the hotel.

☑原級・比較級・最上級を使った重要表現を使えるようになろう。

A 原級⇆比較級⇆最上級 参 p. 218-219

❶ No (other) state in the USA is as large as Alaska. ▶284.
合衆国の (ほかの) どの州もアラスカほど大きくはない。

❷ No (other) state in the USA is larger than Alaska. ▶285.
合衆国の (ほかの) どの州もアラスカより大きくはない。

❸ Alaska is larger than any other state in the USA. ▶286.
アラスカは合衆国のほかのどの州よりも大きい。

Alaska is **the largest** state in the USA. (アラスカは合衆国で一番大きな州だ。) という最上級の内容は上の3つのパターンで表現できる。state が単数名詞になっていることに注意する。

B 原級を用いた重要表現 参 p. 220-221

❹ She has about three times as many CDs as I do. ▶290.
彼女はCDを私の3倍ぐらい持っている。

❺ I need your help. Please come as soon as possible. ▶291.
あなたの助けが必要です。できるだけ早く来てください。

❻ He is not so much a singer as a songwriter. ▶293.
彼は歌手というよりはむしろソングライターだ。

❼ My brother has as many as 500 books. 私の兄は500冊もの本を持っています。 ▶294.

❹ X times as+原級+as A:「AのX倍…」

❺ as+原級+as possible:「できるだけ…」 (=as+原級+as+人+can)

❻ not so much A as B:「AというよりはむしろB」
　not so much as+動詞:「～しさえしない」 (=not even+動詞)
　　He couldn't **so much as** speak a simple greeting in French.
　　(彼はフランス語で簡単なあいさつもできなかった。)

❼ as many as+数:「…もの」 *cf.* as much as+量・金額

C 比較級を用いた重要表現 参 p. 222-225

❽ Your English is improving. It's getting better and better. ▶295.
きみの英語はよくなってきています。だんだんよくなってきています。

❾ The smaller a garden is, the easier it is to look after it. ▶296.
庭は小さければ小さいほど、手入れも簡単になる。

❿ A hill is less high than a mountain. 丘は山ほど高くない。 ▶298.

⓫ Judy selected the brighter of the two dresses. ▶299.
ジュディーは2つのドレスのうちで、明るい色のほうを選んだ。

❽ 比較級+and+比較級:「だんだんと…、ますます…」

❾ The+比較級 ～, the+比較級 …:「～すればするほど、それだけいっそう[ますます]…」

❿ A … less+原級+than B:「AはBほど～でない」

⓫ the+比較級+of the two:「2つのうちで…なほう」

Exercises

❶ 各組の文がほぼ同じ意味になるように，（　　）内を補いなさい。　　　**A**

1. Lake Biwa is the largest lake in Japan.

   (　　　　) (　　　　) (　　　　) in Japan is (　　　　) than Lake Biwa.

   Lake Biwa is larger (　　　　) (　　　　) (　　　　) (　　　　) in Japan.

   (　　　) (　　　) (　　　　) in Japan is as (　　　) (　　　) Lake Biwa.

2. Nothing is more important than health.

   Health is (　　　　) (　　　　) (　　　　) of all.

❷ （　　）内の語句を並べかえて，英文を完成しなさい。　　　**B**

1. The man could (much / as / so / write / not) his own name.

   ....

2. This lake is (times / as / three / as / deep) that one.

   ....

3. John drinks only (as / half / much / as / wine) Bill does.

   ....

4. Try to finish the job (can / soon / as / as / you).

   ....

5. You are (much / a poet / as / not / a scientist / so).

   (＝You are a poet rather than a scientist.)

   ....

6. My friend can play basketball very well.　He practices (times / do / three / as / often / as / I).

   ....

❸ （　　）内から適切なものを選びなさい。　　　**C**

1. The more you eat, (the fat / the fatter / the fattest) you get.
2. Because he was afraid, he walked faster and (fast / faster / fastest).
3. The bigger a city grows, (the dirtier / the dirtiest / dirtier) the air becomes.
4. (The youngest / The younger / Very young) of his two sons is Mike.
5. This computer is less (heavy / heavier / heaviest) than that one.
6. The knowledge of English is becoming more and (important / more important / most important) every year.

23 関係詞(1)

☑関係代名詞(主格・目的格・所有格)の用法や意味を理解し，使えるようになろう。

A 関係代名詞 who, which (主格)

参 p. 258

❶ I have *a friend* who lives in Spain.　　私にはスペインに住む友だちがいます。　　▶351.

❷ Do you know *any Japanese festivals* which are popular in other countries？
海外で人気のある日本の祭りを何か知っていますか。　　▶352.

関係代名詞： 2つの文を結びつける働きと代名詞の働きをする。

❶「人」+who+V ...：「…する(人)」(who の代わりに that も用いられる。)
　　❶ ← I have a friend (+He / She lives in Spain.).

❷「(人以外の)物」+which+V ...：「…する(物)」(which の代わりに that も用いられる。)
　　❷ ← Do you know any Japanese festivals (+**They** are popular in other countries.)?

関係代名詞が修飾する a friend や any Japanese festivals などを**先行詞**という。

B 関係代名詞 who[whom], which (目的格)

参 p. 259

❸ This is *the person*（who[whom]）I met on my trip to Europe.　　▶353.
こちらは，私がヨーロッパ旅行で出会った人です。

❹ This is *a picture*（which）she sent me the other day.　　▶354.
これは，彼女が先日私に送ってくれた写真です。

❸「人」（+who[whom]）+S+V ...：「S が V する(人)」(関係代名詞の目的格は省略されることが多い。)
　　❸ ← This is the person (+I met **him** / **her** on my trip to Europe.).

❹「(人以外の)物」（+which）+S+V ...：「S が V する(物)」(関係代名詞の目的格は省略されることが多い。)
　　❹ ← This is a picture (+She sent me **the picture** the other day.).

C 関係代名詞 whose (所有格)

参 p. 260

❺ Do you know *anyone* whose dream is like mine？　　▶355.
私の夢と同じような夢を持っている人をだれか知っていますか。

❺「人」+whose+名詞 ...（「(人以外の)物」+whose ... は，実際には用いられることは少ない。)
　　❺ ← Do you know anyone (+**His** / **Her** dream is like mine.)?

D 関係代名詞 that

参 p. 261

❻ You are *the only person* that can help me.　　▶357.
私を助けることができるのはあなただけです。

次のような場合には **that** が好んで用いられる。

❻ 先行詞が「唯一のもの」：the only (唯一の…)，the same (同じ…)，the very (まさにその…)，the first [second, ..., last]，the+最上級 ...

先行詞が「全・無」：all ...，every ...，no ...，everything，everybody[everyone]，anything，anybody[anyone]，nothing，nobody[no one]

I'm afraid there is *nothing* (**that**) we can do for you.
(残念ですが，私たちがあなたのためにしてあげられることは何もないと思います。)

■ **Exercises** ■

1 （　　）内に関係代名詞を補いなさい。　　　　　　　　　　　　**A** **B**

1. A vegetarian is a person （　　　　　　） does not eat meat.
2. His cousin has sold a house （　　　　　） has eight rooms.
3. I love this book （　　　　　） I bought last year.

2 次の英文を日本語に直しなさい。　　　　　　　　　　　　　　**B** **C**

1. The letter （which） I am reading now is from my host family in the U.S.

2. The watch （which） I wanted to buy was too expensive.

3. This is the story of a man whose wife suddenly loses her memory.

4. The people （who[whom]） they invited to dinner didn't come.

3 次の 1.～ 4. に続く語句を右の (a)～(d) から選び，英文を完成しなさい。　**D**

1. The human race is the only animal （　　　　） 　(a)　that she knew.
2. Ann told me everything （　　　　） 　　　　(b)　that he had collected.
3. This is the best hamburger （　　　　） 　　(c)　that can use language.
4. He sold all the paintings （　　　　） 　　　(d)　that I've ever eaten.

4 （　　）内の語を並べかえて，英文を完成しなさい。　　　　　　　总合

1. ビルが結婚しようとしている女の子はアメリカ人だ。

   (marry / is / girl / the / Bill / going / to) is American.

2. 何かしてあげられることがありますか。

   Is there (do / anything / can / for / I) you?

3. ジェームスは，私が探し続けてきたまさにその男だ。

   James is (very / been / that / I / man / the / have) looking for.

4. あの本は主に，母語が英語ではない人のためのものです。

   That book is mainly for (first / whose / people / languages) are not English.

☑関係代名詞 what や，前置詞を伴う関係代名詞の用法や意味を理解し，使えるようになろう。

A 関係代名詞 what

参 p. 262-263

❶ **What you've done** is the right thing.　あなたがしたことは正しいことです。　▶359.

❷ These tools are just **what I need for the job**.　▶360.
これらの道具は，その仕事に私がまさに必要としているものだ。

❸ I don't believe **what I can't see**.　私は目に見えないものは信じない。　▶361.

❹ What has made him **what he is**?　何が今日の彼を作り上げたのか。　▶363.

❺ She is a quick reader, and **what's more**, she reads widely.　▶364.
彼女は読むのが速く，そのうえ，読書の幅も広い。

関係代名詞の what は，「～すること，～するもの」（＝the thing(s) which）の意味で，先行詞を含んだ働きをする。what ～ で先行詞＋関係代名詞に相当するため，文中で**主語**（❶）・**補語**（❷）・**目的語**（❸）となる節を導く。

　　❶＝**The thing which** you've done is the right thing.
　　❷＝These tools are just **the things which** I need for the job.
　　❸＝I don't believe **the things which** I can't see.
　　Are you sorry for **what you did**?（前置詞の目的語）
　　（自分がしたことをきみは後悔しているのですか。）

what is called[what we call] ...（いわゆる…），what A is（今日のA）（❹），what A used to be（かつてのA），what is＋比較級（さらに…なことには）（❺）（→参考書 p. 263）

B 前置詞と関係代名詞

参 p. 266-267

❻ *The girl* (who[whom]) I spoke to comes from Spain.　▶369.
私が話をした女の子はスペイン出身です。

❼ *The map* (which) we looked at wasn't very clear.　▶370.
私たちが見た地図はあまりはっきりとしていなかった。

❽ *The people* with whom I work are very friendly.　▶371. A
私が一緒に仕事をしている人たちはとてもよくしてくれます。

❾ *The ladder* on which I was standing began to slip.　▶372. A
私が（その上に）上がっていたはしごがすべりはじめた。

❻❼ 関係代名詞が前置詞の目的語になる場合：この関係代名詞は省略されることが多い。

❻「人」＋who[whom] ... 前置詞
　　❻ ← The girl（＋I spoke to **her**.）comes from Spain.

❼「（人以外の）物」＋which ... 前置詞
　　❼ ← The map（＋We looked at **it**.）wasn't very clear.

❽❾ 先行詞＋前置詞＋関係代名詞 ...：❻❼と同様に関係代名詞が前置詞の目的語になる場合だが，前置詞が関係代名詞の前に出た形であり，書き言葉である。この場合の関係代名詞には that は用いない。

❽「人」＋前置詞＋whom ...
　　❽ ← The people（＋I work **with them**.）are very friendly.

❾「（人以外の）物」＋前置詞＋which ...
　　❾ ← The ladder（＋I was standing **on it**.）began to slip.

1 （　　）内に what か that のいずれかを補いなさい。　　　　　　　　　**A**

1. （　　　　　　　） is important in life is to do your best.
2. Everything （　　　　　　） he said was true.
3. I can't lend you any money.　All （　　　　　　） I have with me is two dollars.
4. He wants to be （　　　　　） is called a self-made man.

2 関係代名詞 what に注意して，次の英文を日本語に直しなさい。　　　　　**A**

1. "Step by step" is what our teacher always says to us.

　　..

2. What she is most proud of is her son's success in life.

　　..

3. She is what is called a "genius."

　　..

3 次の各文の空所に前置詞を補いなさい。　　　　　　　　　　　　　　　**B**

1. Is this the book you were talking （　　　　　　）?
2. The house they live （　　　　　　） is too small for them.
3. Who is the man Mary is talking （　　　　　　）?

4 例にならって，関係代名詞を省略した形に書きかえなさい。　　　　　　**B**

（例） This is the house <u>in which he lives</u>. → This is the house <u>he lives in</u>.

1. Is that the bank for which your uncle works?

　　..

2. He is the guide with whom we traveled for ten days.

　　..

3. Here comes the girl about whom we are talking.

　　..

5 （　　）内の語を並べかえて，英文を完成しなさい。　　　　　　　　　 総合

1. 私は彼らが話していたことに興味がなかった。

　　I was not interested in (about / they / what / talking / were).

　　..

2. 私たちが望むものは世界平和だ。

　　(is / what / hope / for / we) world peace.

　　..

関係詞(3)

☑関係副詞，関係詞の非制限用法，複合関係詞を理解し，使えるようになろう。

A 関係副詞

参 p. 264-265

❶ *The restaurant* where we ate lunch is not on the map. ▶365.
私たちが昼食を食べたレストランは地図には載っていません。

❷ I'll never forget *the summer* when I traveled to France. ▶366.
私は，フランスへ旅をした夏をけっして忘れないでしょう。

❸ Do you know *the reason* why he didn't come? 彼が来なかった理由を知っていますか。▶367.

❹ This is how I make vegetable curry. ▶368.
[これが私の野菜カレーの作り方です。→]このようにして，私は野菜カレーを作ります。

関係副詞：2つの文を結びつける働きと副詞の働きをする。

❶「場所」を表す語＋where ... :「…する(場所)」

  ❶ ← The restaurant (＋We ate lunch **there**.) is not on the map.

❷「時」を表す語＋when ... :「…する(時)」

  ❷ ← I'll never forget the summer (＋I traveled to France **then**.).

❸ the reason why ... :「…する理由」

❹ how ... :「…する方法[…しかた]」(the way ... も用いられるが，×the way how ... とはならない。)

B 関係詞の非制限用法

参 p. 268-270

❺ *Tom's father*, who is 78, goes swimming every day. ▶373. A
トムの父親は，(彼は)78歳ですが，毎日泳ぎに行きます。

❻ Next weekend I'm going to *Kobe*, where my sister lives. ▶376. A
この週末には神戸に行きます。そこには妹が住んでいるのです。

非制限用法：先行詞と関係詞の間にコンマを置いて，〈先行詞, 関係代名詞[関係副詞] ...〉の形で，先行詞を追加説明する。*cf.* 制限用法：先行詞を限定・修飾する。

❺ 関係代名詞の非制限用法：which には前文の全体または句や節を先行詞とする用法もある。

❻ 関係副詞の非制限用法：関係副詞で非制限用法があるのは，where と when のみである。

C 複合関係詞

参 p. 272-273

❼ Whoever does wrong is punished in the end. ▶380. A
不正を働く人はだれでも結局は罰せられる。

❽ You can visit me whenever you like. 好きなときにいつでも訪ねて来ていいですよ。▶382. A

❾ She will come to the party, however *busy* she is. ▶385. A
たとえ彼女はどんなに忙しくても，パーティーに来るでしょう。

複合関係詞：関係詞に -ever がついたもの。それ自体に先行詞を含み，名詞節や副詞節を導く。

whoever：「…する人はだれでも」(❼)，「だれが…しても」(＝no matter who)

whatever：「…するものは何でも」，「何が…しても」(＝no matter what)

whenever：「…するときはいつでも」(❽)，「いつ…しても」(＝no matter when)

wherever：「…するところはどこでも」，「どこで…しても」(＝no matter where)

however：「たとえどんなに…であっても」(＝no matter how)(❾)

Exercises

1 ( )内に適切な関係副詞を補いなさい。 A

1. The village ( ) I was born had a small church.
2. There was a time ( ) America belonged to England.
3. Tell me the reason ( ) you were silent then.
4. This is ( ) my grandfather escaped the accident.

2 ( )内に下の語群から適語を補いなさい。 B

1. I employed Jack, ( ) was able to speak English and Spanish.
2. He forgot her birthday, ( ) made her sad.
3. He went into the woods, ( ) he caught a blue bird.
   [which / where / who]

3 次の英文を日本語に直しなさい。 C

1. Give this CD to whoever wants it.

2. Whatever you say, I still disagree with you.

3. The dog follows wherever I go.

4. James never gets fat, however much he eats.

4 ( )内の語を並べかえて，英文を完成しなさい。 総合

1. ここが私が 3 年前から働いている会社です。
   This is (where / been / the / have / office / I / working) for three years.

2. たとえ彼がいつ来ても，会うつもりはない。
   (comes / when / he / matter / no), I will not meet him.

3. どんなに疲れていても，彼女は 2 時間は勉強する。
   (tired / she / however / be / may), she studies for 2 hours.

4. いつでもお好きなときにいらっしゃってください。
   Come and (whenever / me / you / see / like).

26 仮定法 (1)

☑仮定法を使って，事実に反する仮定・想像・願望を表現できるようになろう。

A 仮定法過去

参 p. 282

❶ If I **had** enough money, I **would buy** a new car.　　▶386.
十分なお金があれば，私は新車を買うのだが。

❷ If Tom **were** here, I **could explain** it to him myself.　　▶387.
トムがここにいれば，私はそのことを自分で彼に説明できるのですが。

仮定法過去：「もしも(今)…ならば，〜するのだが[〜できるのだが]」などと，現在の事実に反することを仮定する表現。過去形を用いるので仮定法過去という。

▶現在の事実	(→❶) I don't have enough money. (→❷) Tom isn't here.	I won't buy a new car. I can't explain it to him myself.

▶現在の事実に反することを仮定	もしも(今)…ならば	〜するのだが[〜できるのだが]
	If＋S＋過去形 (be-動詞は were) …,	S＋助動詞の過去形＋動詞の原形 …

B 仮定法過去完了

参 p. 283, 286

❸ If we **had had** a map, we **wouldn't have lost** our way.　　▶388.
地図を持っていたら，私たちは道に迷うこともなかったのに。

❹ I **could have gone** out with him if I **hadn't been** so tired.　　▶389.
そんなに疲れていなかったら，彼と一緒に外出できたのに。

仮定法過去完了：「もしも(あのとき)…ならば，〜したのだが[〜できたのだが]」などと，過去の事実に反することを仮定する表現。過去完了形を用いるので仮定法過去完了という。

▶過去の事実	(→❸) We didn't have a map. (→❹) I was so tired.	We lost our way. I couldn't go out with him.

▶過去の事実に反することを仮定	もしも(あのとき)…ならば	〜したのだが[〜できたのだが]
	If＋S＋had＋過去分詞 …,	S＋助動詞の過去形＋have＋過去分詞 …

⚠ ✏注意 if-節が仮定法過去完了，主節が仮定法過去となることもある。

　　　If he **had gone** to the doctor at that time, he **would be** alive today.
　　　(あのとき医者のところへ行っていたら，彼は今も生きているのに。)

C 未来のことを表す仮定法

参 p. 285

❺ If you **found** $1,000 on the street, what **would** you **do**?　　▶393.
通りで1,000ドルを見つけたら，あなたはどうしますか。

❻ If you **should be** late again, you**'ll lose** your job.　　▶394.
また遅刻するようなことがあれば，くびになるぞ。

「(こんなことは起こらないと思うが)もしも(万が一)…すれば」という表現。

❺ 仮定法過去を用いる。

❻ if＋S＋should 〜：主節に仮定法過去の形を用いることもある。また書き言葉では，if＋S＋were to 〜，S＋助動詞の過去形＋動詞の原形 … となることもある。

Exercises

❶ ( )内を補って，仮定法過去の文を完成しなさい。　　　　　　　**A**

1. I can't tell you the title of the book because I don't remember it.
   → If I ( ) the title of the book, I ( ) ( ) it
   to you.
2. The weather is cold today, so I won't go outside.
   → If the weather ( ) cold today, I ( ) ( )
   outside.

❷ 下線部を適切な形にして，仮定法過去完了の文をつくりなさい。　　**B**

1. You <u>didn't take</u> my advice, so you <u>made</u> such a mistake.
   → If you _____, you _____.
2. As it <u>was raining</u>, we <u>couldn't have</u> a barbecue in the garden.
   → We _____ if it _____.
3. My watch <u>was</u> slow, so I <u>was</u> late.
   → If my watch _____, I _____.

❸ should に下の語群から適語を加えて，文を完成しなさい。　　　**C**

1. If you _____ our promise, you would lose your job.
2. If she _____ the last train, I'll drive her home.
3. If John _____ in my absence, please take a message.
   [miss, break, come]

❹ ( )内の語句を並べかえて，英文を完成しなさい。　　　　　　**総合**

1. もし彼がもっとはっきり話せば，みんな彼の言うことがわかるのだが。
   (spoke / if / more / he / clearly), people would understand him.
   ----
2. 車が故障でもするようなことがあればどうしますか。
   (down / if / car / break / to / the / were), what would you do?
   ----
3. 少し離れて彼を見たなら，彼は40歳の男性でとおったかもしれない。
   If he had been seen at a distance, (a man of forty / passed / he / might / for /
   have).
   ----
4. もし天候がそんなに悪くなかったら，私たちは外出できたのに。
   We could have gone out (weather / so / been / the / if / hadn't / bad).
   ----

27 仮定法 (2)

☑仮定法の特徴的な表現や慣用表現を使えるようになろう。

A if のない仮定法
参 p. 287–289

❶ Were I in your place, I would call the police. ▶397. A
私があなたの立場だったら，警察を呼ぶわ。

❷ An American would not use such an expression. ▶400. A
アメリカ人だったら，そのような表現は使わないでしょう。

❸ I wasn't very hungry; otherwise, I would have eaten a big lunch. ▶401. A
あまりおなかがすいていませんでした。そうでなければ，昼食をたくさん食べたでしょう。

❶ if の省略と倒置：書き言葉では，if を省略し倒置構文（疑問文の語順）となることがある。
　　❶＝If I were in your place, I would call the police.

❷ 主語に if-節の気持ちが隠れている場合：主語に「もし…なら」の意味をもたせて，意味をとらえる。
　　❷＝If he[she] were an American, he[she] would not use such an expression.

❸ 副詞（句）に if-節の気持ちが隠れている場合：副詞（句）に「もし…なら」の意味をもたせて，意味をとらえる。
　　❸＝I wasn't very hungry.　If I had been very hungry, I would have eaten a big lunch.

B 仮定法を含む慣用表現
参 p. 284, 290–291

❹ I wish I could travel to Africa. アフリカへ旅行できたらなあ。 ▶390.

❺ If only money grew on trees! お金が木になればなあ。 ▶402. A

❻ Sometimes he acts as if he were my boss. ▶403. A
ときどき，彼はまるで私の上司であるかのようにふるまう。

❼ If it were not for exams, we would be happy. ▶404. A
試験がなければ，私たちは幸せなのだが。

❹ I wish＋仮定法過去：「（今）…であればなあ」← I'm sorry I can't travel to Africa.
　　I wish＋仮定法過去完了：「（あのとき）…であったらなあ」
　　I wish I had studied a little harder.　（もう少し勉強していればよかったのになあ。）
　　← I'm sorry I didn't study hard.

❺ If only＋仮定法の文！＝I wish＋仮定法の文

❻ as if[as though]＋仮定法の文：「まるで…かのように」
　　He looks[looked] as if he had seen a ghost.
　　（彼はまるで幽霊でも見たかのような顔つきだ[顔つきだった]。）

❼ If it were not for ...：「もしも（今）…がなければ」
　　❼＝Without[But for] exams, we would be happy.
　　If it had not been for ...：「もしも（あのとき）…がなかったら」
　　If it had not been for your help, I couldn't have finished the work in time.
　　＝Without[But for] your help, I couldn't have finished the work in time.
　　　（あなたの助けがなかったら，私は間に合うようにその仕事を終えることができなかったでしょう。）

It is (high) time＋仮定法過去の文：「もう～していいころなのに（まだ～していないのか）」
　　It's time you went to bed.　（もう寝る時間だぞ。）

as it were：「いわば」（＝so to speak）
　　The newspaper is, as it were, the eyes and ears of society.
　　（新聞は，いわば社会の目と耳である。）

1 各組の文がほぼ同じ意味になるように，（　　）内を補いなさい。　A

1. { If it were not for food, no man could live.
   { (　　　　　) (　　　　　　　　) not for food, no man could live.

2. { If she were a true friend, she would not deceive you.
   { (　　　　　) (　　　　　) (　　　　　　　) would not deceive you.

3. { If I hadn't been in such a hurry, I'd have locked my trunk.
   { (　　　　　) (　　　　　　) not been in such a hurry, I'd have locked my
   { trunk.

4. { If it had not rained heavily, I would have gone to an amusement park.
   { It rained heavily; (　　　　　　), I would have gone to an amusement park.

2 （　　）内の指示に従って仮定法を含む文に直しなさい。　B

1. I'm sorry I didn't talk with you about the study program.
   （I wish ... に続く文に）

------

2. The sisters aren't twins, but they look as if _____.
   （_____上に続く文を）

------

3. Your car is completely covered in dust.　It is high time _____.
   （wash を用いて，_____上に続く文を）

------

4. But for his long speech, the meeting would have finished an hour ago.
   （If it ... で始まる文に）

------

3 （　　）内の語句を並べかえて，英文を完成しなさい。　総合

1. 彼女がおしゃべりをやめてくれたらなあ。
   If (talking / would / only / she / stop)!

------

2. 彼らはあなたを家族の一員のように扱うでしょう。
   They will treat you (as / of / if / one / the family / were / you).

------

3. もう少し若かったら留学できるのですが。
   (younger / a / I / were / little), I could go abroad for study.

接続詞

☑等位接続詞や，名詞節・副詞節を導く接続詞の種類を理解し，使えるようになろう。

A and, or, but を用いた重要表現

参 p. 234-236

❶ Take this medicine, and you'll feel better. ▶309.
この薬を飲みなさい。そうすれば気分がよくなるでしょう。

❷ The students must take either French or German. ▶312.
学生はフランス語かドイツ語のどちらかをとらなければなりません。

❸ A whale is not a fish but a mammal. クジラは魚ではなくてほ乳類である。 ▶315.

❶ 命令文, and ... :「～しなさい。そうすれば…」 / 命令文, or ... :「～しなさい。そうしないと…」

❷ either A or B :「AかBかどちらか(一方)」
both A and B :「AもBも両方とも」 / neither A nor B :「AもBも両方とも…ない」

❸ not A but B :「AではなくてB」 / not only A but (also) B :「AだけでなくBもまた」
Shakespeare was **not only** a writer **but also** an actor.
(シェークスピアは作家であるだけでなく俳優でもあった。)

B 名詞節を導く接続詞

参 p. 238-239

❹ *It* is nice that tomorrow is a holiday. 明日が祝日なのはすてきだ。 ▶320.

❺ *The news* that our teacher was leaving made us sad. ▶322.
私たちの先生がやめるという知らせは，私たちを悲しませた。

❻ She asked me whether[if] I had a driver's license. ▶323.
彼女は私に運転免許証を持っているかどうか尋ねた。

❹ that :「…ということ」という意味で名詞節を導き，文中で主語・補語・目的語の働きをする。主語となる場合はふつう形式主語の it を用いる(❹)。

❺ 同格の that : the news that ...(…という知らせ)という形で，先行する名詞を説明する。

❻ whether :「…かどうか」という意味で名詞節を導く。動詞の目的語となるときは，if (…かどうか)もよく用いられる。

C 副詞節を導く接続詞

参 p. 240-247

❼ We waited in the cafeteria until[till] it stopped raining. ▶329.
私たちは雨がやむまでカフェテリアで待った。

❽ The boy was scolded because he was late. ▶331.
その少年は遅刻したのでしかられました。

❾ If you are right, then everyone else is wrong. ▶334.
もしもきみが正しいなら，それならばほかのみんなが間違っていることになる。

「時」：when (…するとき)，while (…する間)，before (…する前に)，after (…した後で)，until[till] (…するまで)(❼)，since (…して以来)
「原因・理由」：because (…なので)(❽)，since[as] (…なので)
「条件」：if (もしも…ならば)(❾)，unless (もしも…ないならば)
「譲歩」：although[though] (…だけれども)
「目的」：so that ... can[will] ～ (…が～できる[～する]ように)
「結果・程度」：so ... that ～ (とても…なので～，～するほど…)

Exercises

1 （　）内に下の語群から適語を補いなさい。　　A

1. Either you （　　　　　） your brother must support your mother.
2. That clock is old, （　　　　　） it keeps good time.
3. You had better go, （　　　　　） you'll be sorry.
4. Walk straight on, （　　　　　） you'll see the Golden Gate Bridge.
5. She is not only kind （　　　　　） also honest.
   [and / but / or]

2 各組の文がほぼ同じ意味になるように，（　）内を補いなさい。　　A

1. ⎰ My brother is well.　I am well, too.
   ⎱ （　　　　　） my brother and I （　　　　　） well.
2. ⎰ She is not either in the kitchen or in the living room.
   ⎱ She is （　　　　　） in the kitchen （　　　　　） in the living room.

3 斜字体に注意して，次の英文を日本語に直しなさい。　　B

1. The news *that* he got a silver medal delighted his family.

   ....

2. The fact was *that* I was too busy to contact you.

   ....

3. *It* is natural *that* parents should love their children.

   ....

4. We think *it* a pity *that* she lost such a good chance.

   ....

5. *Whether* you join us *or not* is not very important.

   ....

4 （　）内に下の語群から適語を補いなさい。　　C

1. （　　　　　） I get up in the morning, I usually drink a cup of coffee.
2. Don't go out yet.　Wait （　　　　　） the rain stops.
3. Three years have passed （　　　　　） he left Japan for America.
4. You can use my racket （　　　　　） you return it tomorrow.
5. （　　　　　） he is too busy, he will accept our invitation.
   [since, until, unless, when, if]

☑平叙文・疑問文・命令文で，直接話法⇔間接話法の書きかえができるようになろう。

A 平叙文の話法転換

参 p. 299, 302-303

❶ He said, "I'll be here again tomorrow."　彼は「明日またここに来るよ。」と言った。 ▶423. A

❷ He said (that) he would be there again the next day. ▶424. A
彼は翌日またそこに来ると言った。

❸ His mother said to him, "You can't go to school." ▶413.
彼のお母さんは彼に「(あなたは)学校へ行ってはいけませんよ。」と言いました。

❹ His mother told him (that) he couldn't go to school. ▶414.
彼のお母さんは彼に(彼は)学校へ行ってはいけないと言いました。

人の言葉をそのまま第三者に伝える言い方を**直接話法**(❶❸❺❼❾)，発言内容を自分の言葉に直して伝える言い方を**間接話法**(❷❹❻❽❿)という。

話法の転換:
(1) 代名詞を，発言者の立場から伝達者の立場へ変える (I → he / You → he)。
(2) 時制の一致(→L. 7)に従って時制を変える(will → would / can't go → couldn't go)。
(3) 「時・場所」を表す語句を発言者の立場から伝達者の立場へと変える(here → there / tomorrow → the next day)。

A ✓確認 this → that / now → then / ... ago → ... before / today → that day / yesterday → the day before[the previous day]

平叙文の話法転換：❶ said, "..." → ❷ said (that) ... / ❸ said to A, "..." → ❹ told A (that) ...

B 疑問文の話法転換

参 p. 300

❺ He said to her, "Did you watch the baseball game?" ▶415.
彼は彼女に「(あなたは)野球の試合を見ましたか。」と言った。

❻ He asked her if[whether] she had watched the baseball game. ▶416.
彼は彼女に(彼女は)野球の試合を見たかどうか尋ねた。

❼ She said, "*When* does the movie begin?" ▶417.
彼女は「いつ映画は始まるのですか。」と言った。

❽ She asked when the movie began.　彼女はいつ映画は始まるのかと尋ねた。 ▶418.

❺ Yes / No-疑問文 → ❻ asked (A) if[whether]＋S＋V

❼ 疑問詞疑問文 → ❽ asked (A)＋疑問詞＋S＋V (→L. 2)

C 命令文の話法転換

参 p. 301

❾ The teacher said to us, "Listen carefully." ▶419.
先生は私たちに「注意して聞きなさい。」と言った。

❿ The teacher told us to listen carefully.　先生は私たちに注意して聞くようにと言った。 ▶420.

❾ 「命令」 → ❿ told A to 〜
「依頼」(please のついた命令文) → asked A (not) to 〜

/注意 否定の「命令」は told A not to 〜，否定の「依頼」は asked A not to 〜 となる。

Exercises

1 各組の第2文を間接話法の文にしなさい。　　　　　　　　　　**A**

1.
{
He said, "I read the book three days ago."

He said that he _____ the book _____.
}

2.
{
She said to me, "I don't want to work with you."

She _____ me that _____.
}

2 次の文を間接話法の文にしなさい。　　　　　　　　　　　　　**B**

1. She said to Yuki, "Do you have a driver's license?"

----

2. Henry said to me, "Can you see the lighthouse far away?"

----

3. She said to her husband, "Where did you put the remote control?"

----

3 各組の文がほぼ同じ意味になるように，（　　）内に適語を補いなさい。　**C**

1.
{
"Don't call me after ten," Paul said to me.

Paul (　　　　　) me (　　　　　) (　　　　　) (　　　　　)
(　　　　　) after ten.
}

2.
{
He said to us, "Please show me your passports."

He (　　　　　) us (　　　　　) (　　　　　) (　　　　　)
(　　　　　) passports.
}

3.
{
She said to me, "Don't lose the key."

She (　　　　　) me (　　　　　) (　　　　　) (　　　　　) the
key.
}

4 （　　）内の語を並べかえて，英文を完成しなさい。　　　　　　**総合**

1. デニスはアルバイトを探していると言った。

Dennis said (part-time / looking / job / he / for / was / a / that).

----

2. リエは私にアラスカの旅は楽しかったかどうか尋ねた。

Rie asked me (I / trip / enjoyed / had / if / the) to Alaska.

----

3. 家の中でブーツをはかないように頼んだでしょ。

(you / asked / wear / I / not / to) these boots in the house, didn't I?

☑名詞や冠詞の種類や特徴を理解し，使い分けができるようになろう。

A 数えられる名詞と数えられない名詞　　参 p. 312-313, 316

❶ I have a **dog** and two **cats**.　　私は犬を1匹と猫を2匹飼っています。　▶428.

❷ **Ice**, **rain**, and **fog** are composed of **water**.　　氷，雨，霧は水からできている。　▶429.

❶ **数えられる名詞**：単数形と複数形がある。
　a bag, a poem, a machine, a scene, a job, a melody など
❷ **数えられない名詞**：a[an] がつくことも，複数形になることもない。
　baggage[luggage], poetry, machinery, scenery, work, music など

❗注意 **数えられそうだが数えられない名詞**：money, weather, fun, luck, furniture, news, advice, information

B a[an] の用法　　参 p. 317, 320-321

❸ I got a present from my friends today.　▶439.
私は今日友人たちからプレゼントをもらいました。

❹ Take the medicine twice a day.　　1日に2度その薬を飲みなさい。　▶441.

❺ I've never eaten **so delicious a meal**.　▶445.
こんなにもおいしい食事は食べたことがありません。

❸ 初めて話題となるもの
❹ 「…につき」（＝per ...）
❺ so＋形容詞＋a[an]＋名詞
　so delicious a meal(❺)＝such a delicious meal
❗注意 as[too, how]＋形容詞＋a[an]＋名詞
　as blue a sky as this (こんなに青い空) / too difficult a book (難しすぎる本) / how painful a sight (どんなにいたましい光景)

C the の用法　　参 p. 318-321

❻ I got an email today.　The email was from my friend in Spain.　▶442.
今日Eメールを受け取りました。そのEメールはスペインにいる友人からのものでした。

❼ Where's Tom? —— He's in the garden.　　トムはどこですか。——庭にいます。　▶443.

❽ She devoted her life to helping **the poor**.　▶446.
彼女は貧しい人々を救済することに生涯を捧げた。

❾ I took my daughter **by the hand** when we crossed the street.　▶447.
通りを渡るとき，私は娘の手をとった。

❻ すでに話題になったもの
❼ 何を指しているかがわかり，特定化できるもの
❽ the＋形容詞：「…な人々」（＝形容詞＋people），「…なこと」
　Is **the beautiful** higher than **the true**？（美は真実に勝るだろうか。）
❾ 前置詞＋the＋体の一部
❗注意 by the＋単位を表す語：「…単位で」

Exercises

1 ( )内から正しいほうを選びなさい。 `A`

1. We use (a spoon / spoon) for (a soup / soup).
2. San Francisco is (a city / city) of (a great beauty / great beauty).
3. I'm going to make (a table / table). First, I need some (wood / woods).
4. I have some (jobs / works) to do before we go out.
5. I need some (information / informations) about hotels in London.
6. I decided to ask Emma what I should do. She always gave me good (advice / advices).

2 ( )内を補うのに最も適切なものを選びなさい。 `B``C`

1. Excuse me, is there ( ) near here?
   (a) a bank   (b) an bank   (c) the bank
2. I wrote to her but ( ) never arrived.
   (a) a letter   (b) it   (c) the letter
3. My son goes to the dentist once ( ).
   (a) a year   (b) in a year   (c) in an year

3 ( )内の語句を並べかえて，英文を完成しなさい。 `B``C`

1. とても暑い日だったので，私たちはほとんど働けなかった。
   It was (a / day / hot / so / that) we could hardly work.

   -

2. 事故のあと，負傷者たちは病院へ運ばれた。
   After the accident, (injured / taken / the / to / were) the hospital.

   -

3. 彼は，すぐに殺すために魚の頭に一撃を与えた。
   He (knocked / on / the fish / the head / to) kill it quickly.

   -

4. 彼女は私のそでをつかんで，どうしても放さなかった。
   She (by / held / me / sleeve / the) and wouldn't let me go.

   -

4 各組の文がほぼ同じ意味になるように，( )内に適語を補いなさい。 `C`

1. { In Japan salaries are paid once a month.
   { In Japan salaries are paid by ( ) ( ).

2. { She loves poor people more than rich people.
   { She loves ( ) poor more than ( ) rich.

4 代名詞

☑さまざまな代名詞の特徴を理解し，使い分けができるようになろう。

A one, another, other(s)

参 p. 332-335

❶ I forgot to bring a pen.　Can you lend me one?　　▶458.
ペンを持って来るのを忘れた。1本貸してくれないかい。

❷ I don't like this hat; show me another.　　▶461.
この帽子は気に入りません。別のを見せてください。

❸ I can only find one sock.　Have you seen the other?　　▶462.
靴下が片方しか見つかりません。もう片方を見かけましたか。

❶ one：a[an]＋既出名詞の代わりをする。　**❷** another：「もうひとつ別の（もの）」

❸ 2つのものの一方を one とすると，もうひとつは the other「残ったひとつ」となる。いくつもあるものの「いくつか」を some とすると，「残ったものの中のいくつか」は others となり，「残ったいくつか（全部）」は (all) the others となる。

B all, each, none

参 p. 336-337

❹ We can't find anywhere to stay.　All the hotels are full.　　▶463.
泊まるところが見つかりません。〈この町の〉ホテルはみんな満室なのです。

❺ Each of the rooms of the hotel has its own bathroom.　　▶464.
そのホテルは各室ともそれぞれ浴室がついています。

❻ None of the rooms of the hotel have a balcony.　　▶465.
そのホテルの部屋はどれにもバルコニーはありません。

❹ all (of) the[my]＋数えられる名詞の複数形：複数扱い
　all (of) the[my]＋数えられない名詞：単数扱い

❺ each of the[my]＋数えられる名詞の複数形：単数扱い
　cf. **Each child** learns at his[her] own pace.　（それぞれの子どもはそれぞれ自分のペースで学ぶ。）
　Every girl in the class has her own locker.
　（そのクラスの女生徒はみんな自分のロッカーを持っています。）

❻ none of the[my]＋数えられる名詞の複数形：原則として複数扱い
　none of the[my]＋数えられない名詞：単数扱い

C both, either, neither

参 p. 338

❼ Peter has two cars.　Both of them are old.　　▶466.
ピーターは車を2台持っているが，どちらも古い。

❽ Does either of your parents speak English?　　▶467.
ご両親のどちらかが英語を話しますか。

❾ Tom and I didn't eat anything.　Neither of us was hungry.　　▶468.
トムと私は何も食べなかった。どちらもおなかがすいていなかった。

❼ both：「（2つのものの）両方（の）」複数扱い

❽ either：「（2つのものの）どちらか一方（の）」単数扱い
　not ... either：「どちらも…ない」（＝neither）

❾ neither：「（2つのものの）どちらも…ない」原則として単数扱い

Exercises

1 ( ) 内に下の語群から適切なものを補いなさい。　**A**

1. I ate a hamburger and ordered ( ).
2. Do you have any pencils? May I borrow ( )?
3. She carried a case in one hand and an umbrella in ( ).
4. I can't do questions 4 and 5, but I've done all ( ).
5. Bacteria are everywhere; some are helpful, while ( ) cause disease.
6. Of the seven people here now, one is from China, three are from the US, and ( ) from France.

   [another / one / others / the other / the others]

2 ( ) 内から正しいほうを選びなさい。　**B**

1. (All / Every) the students in the class have passed the examination.
2. (All / Every) children should be taught how to read and write.
3. (Each / Every) of our rooms has an internet connection.
4. We all got wet because (all / none) of us had an umbrella.

3 ( ) 内に both, either, neither から適語を選んで補いなさい。　**C**

1. I invited Jack and Jill to my party, but ( ) of them came.
2. Tom and I hadn't eaten breakfast, so ( ) of us were very hungry.
3. Would you like tea or coffee? You can have ( ).
4. *A:* Which jacket do you prefer, this one or that one?
   B: I don't like ( ) of them.

4 ( ) 内の語を並べかえて，英文を完成しなさい。　**総合**

1. 私にもう一度やらせてください。

   Please (another / have / let / me / try).

   ----

2. ぼくの友人たちはだれも結婚していません。

   (are / friends / married / my / none / of).

   ----

3. 私には兄弟が2人いますが，1人は秋田に，もう1人は広島にいます。

   I have two brothers; (in / in / Akita / Hiroshima / the / one / other / is / is / and).

   ----

5 形容詞と副詞

☑形容詞と副詞の働きや注意を要する表現を理解し，使えるようになろう。

A many と much，few と little

参 p. 349-351

❶ { Do you have many hobbies？　　趣味はたくさんありますか。　▶481.
❷ { We haven't had much rain recently.　最近あまりたくさん雨が降っていない。　▶482.

❸ { Her English is very good.　She makes few mistakes.　▶483.
彼女の英語はとてもよい。少ししか間違いをしない。

❹ { We have to hurry.　We have little time.　▶484.
急がなければいけません。時間がほとんどありません。

❶❷ many＋数えられる名詞の複数形 / much＋数えられない名詞

✓確認 many や much の代わりに，肯定文では a lot of がよく用いられる。

❸❹ (a) few＋数えられる名詞の複数形 / (a) little＋数えられない名詞
a few と a little は，「少しはある」という肯定的な意味を表す。
　　I have **a few** friends, so I'm not lonely.　（私には友人が少しいるので，さみしくはありません。）
few（❸）と little（❹）や only a few[only a little] は，「少ししかない」という否定的な意味を表す。
　　I have **only a little** time before I leave.　（出発するまでにほとんど時間がありません。）

B 形容詞の文型

参 p. 354-356

❺ I'm not very good at cooking Japanese food.　▶487.
私は日本料理を作るのがあまり得意ではありません。

❻ You are free to use my library.　私の蔵書を自由に使ってもいいですよ。　▶490.

❼ Are you aware that you're ten minutes late？　▶493.
あなたは10分遅れていることにお気づきですか。

❺ be＋形容詞＋前置詞
> be good at ...（…が得意である），be bad at ...（…が下手である），be short of ...（…が不足している），be familiar with ...（…をよく知っている）

❻ be＋形容詞＋to-不定詞
> be free to 〜（自由に〜することができる），be quick[slow] to 〜（〜するのが速い[遅い]），be sure[certain] to 〜（[話者の確信を表して]きっと〜する）

❼ be＋形容詞＋that-節
> be aware that ...（…に気づいている），be glad[happy]（that）...（…に喜んでいる），be sure[certain]（that）...（…を確信している）

C 接続詞の働きをする副詞

参 p. 360-361

❽ He doesn't think he'll succeed; however, he'll try.　▶504.
彼は成功すると思っていない。それでも彼はやってみるだろう。

❾ She studied hard; therefore, she was able to pass the test.　▶505.
彼女は熱心に勉強した。だから，試験に合格することができたのだ。

❽「しかしながら，それにもかかわらず」（逆接）：however, nevertheless, still,（and[but]）yet
❾「それゆえに，だから」（順接）：therefore, consequently, accordingly, thus, so
　「そのうえ」（追加）：besides, moreover, furthermore, what is more
　「そうしないと，そうでなければ」：otherwise, or else /「そうすれば，そうであれば」：then

Exercises

1 ( ) 内から正しいほうを選びなさい。 **A**

1. Mary knows (few / little) people in this town.
2. Don't disturb me. I have (many / much) homework to do.
3. *A:* Have you ever been to New York?
   B: Oh, yes. (A few / A little) times.
4. Eating too (many / much) sugar is not good for your health.
5. There was (a little / little) food in the fridge. It was nearly empty.
6. There isn't much to see in this town, so (a few / few) tourists come here.

2 ( ) 内に下の語群から適語を補いなさい。 **B**

1. I could not buy the sweater because I was ( ) of money.
2. You are ( ) to do what you like.
3. I'm really ( ) you like the present.
4. My husband is really ( ) at cooking.
   [good / glad / free / short]

3 ( ) 内から正しいほうを選びなさい。 **C**

1. I'm not familiar with this town; (otherwise / therefore), I can't recommend any places to you.
2. I lost my way in Paris; (besides / however), my cell phone was broken then.
3. Hurry up; (moreover / otherwise), we will miss the train.

4 ( ) 内の語を並べかえて，英文を完成しなさい。 総合

1. 最近雨が少ししか降っていないので水不足になっている。
   There is a shortage of water because (been / has / little / rain / there) recently.

2. 彼女はすぐにそれが自分の過失ではないことを指摘した。
   She (out / point / quick / to / was) that it wasn't her fault.

3. 私の帽子の上に座っていることにお気づきですか。
   (aware / are / you / that) you're sitting on my hat?

Optional Lesson 6 前置詞

☑さまざまな前置詞の意味を理解し，使い分けられるようになろう。

A 「場所」を表す前置詞

参 p. 366-369

❶ Change trains at Nagoya.　　名古屋で列車を乗りかえなさい。　▶507.

❷ There is a spider on the ceiling.　天井にクモがいるよ。　▶509.

❸ She left New York for Florida.　彼女はニューヨークを出発してフロリダに向かった。　▶513.

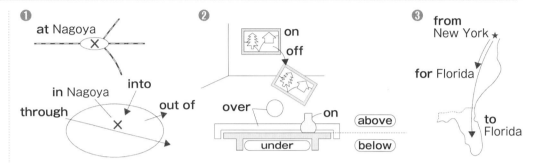

その他：between（（2つのもの）の間に），among（（3つ以上のもの）の間に），along（（細長いもの）に沿って），across（…を横切って），around（…のまわりに，…のあちこちに），beyond（（…を越えて）…の向こうに），in front of（…の前に），behind（…の後ろに）

B 「時」を表す前置詞

参 p. 370-371

❹ Let's meet at 7:30 tomorrow morning.　明日の朝7時30分に会いましょう。　▶516.

❺ I have been waiting for her for thirty minutes.　▶519.
私は30分間ずっと彼女を待っています。

❻ I'm just going out.　I'll be back in an hour.　▶521.
ちょうど出かけるところです。1時間したらもどってきます。

❹ at＋時刻 / in＋ある長さをもった時 / on＋日付・曜日

❺ for＋継続期間：「…の間」　❻ in＋経過時間：「…（の時間が）たてば」

C 群前置詞

参 p. 378-379

❼ The trip was canceled because of the accident.　▶531. A
旅行は事故のために中止になった。

❽ Thanks to the Internet, we can exchange information easily.　▶532. A
インターネットのおかげで，私たちは簡単に情報を交換できる。

❼ because of ...：「…のために」（原因）（＝owing to ..., on account of ...）

❽ thanks to ...：「…のおかげで」

その他

as for ...（…について言えば，…に関しては），as to ...（…について），by means of ...（…を(手段として)用いて，…によって），for the purpose of ～ing（～するために），for fear of ～ing（～することを恐れて，～しないように），for the sake of ...（…の(利益の)ために，…によかれと思って），in spite of ...（…にもかかわらず），according to ...（…によれば，…に従って），instead of ...（…の代わりに，(選択肢の一方を)～しないで），in addition to ...（…に加えて）

Exercises

1 （　　）内から正しいほうを選びなさい。　　　　　　　　　　　　　　**A**

1. I'll meet you (at / in) the corner of the street at 10 o'clock.
2. When he received the news that his sister was sick, he set off at once (for / to) London.
3. The book you are looking for is (on / over) the top shelf.
4. I put a blanket (above / over) the sleeping child.
5. There was a lake (below / under) the village, further down the valley.
6. The girl quickly disappeared (among / between) the crowd.

2 （　　）内に at, for, in, on から適語を選んで補いなさい。　　　　　　**B**

1. The telephone and the doorbell rang (　　　　　　) the same time.
2. Tom isn't here at the moment. He'll be back (　　　　　　) about five minutes.
3. It rained (　　　　　　) three days without stopping.
4. It was quite a short book and easy to read. I read it (　　　　　　) a day.
5. Have a good weekend. See you (　　　　　　) Monday.

3 各組の文がほぼ同じ意味になるように，（　　）内に適語を補いなさい。　**C**

1. { Though it was cold, he opened both windows wide.
   { (　　　　　) (　　　　　　　) of the cold, he opened both windows wide.
2. { The newspaper says that he was arrested yesterday.
   { (　　　　　) (　　　　　　　) the newspaper, he was arrested yesterday.
3. { The rain prevented me from coming back early.
   { (　　　　　) (　　　　　　　) the rain, I couldn't come back early.
4. { We visited not only the museum but also the zoo.
   { (　　　　　) (　　　　　　　) to visiting the museum, we went to the zoo.
5. { The money from my grandmother enabled us to buy the house.
   { (　　　　　) (　　　　　　　) the money from my grandmother, we were able to buy the house.

4 次の英文を日本語に直しなさい。　　　　　　　　　　　　　　　　　　**C**

1. He is studying hard for the purpose of becoming a doctor.

　　　　　　　　　　　　　　　　　　　　　　　　　　　　　　　　　　　

2. He can't work on account of his illness.

☑さまざまな種類の否定語や否定の言い回しを学び，適切な否定表現ができるようになろう。

A not, no

参 p. 384-385

❶ Is your cold bad? —— I hope not. [I'm afraid so.] ▶535.
　風邪はひどいのですか。——ひどくないと思います。［ひどいようです。］

❷ There is no milk in the refrigerator. ▶537.
　冷蔵庫にはミルクが全然ありません。

> ❶ I hope **my cold is not bad.** → I hope **not.**
> 　I'm afraid **my cold is bad.** → I'm afraid **so.**
> ❷ no＋名詞：「ひとつも［まったく］ない」
> 　　❷＝There is **not any** milk in the refrigerator.

B 部分否定，二重否定

参 p. 386-387

❸ Not all cars have air conditioners. ▶539.
　すべての車にエアコンがついているわけではない。

❹ You cannot commit a crime without being punished. ▶542.
　［罰せられることなしには罪を犯すことはできない→］罪を犯せば必ず罰せられる。

❺ It is not impossible that he will pass the examination. ▶543.
　彼が試験に合格するのはありえないことではない［→合格することもありうる］。

> ❸ 部分否定：not＋「すべて［いつも，完全に］」を表す語で，「すべてが［いつも］…であるわけではない」の意になる。
> ❹❺ 二重否定：否定と否定が2つ重ねて用いられて，肯定の意味となる。
> 　　not［never］... without ～ing：「…すれば必ず～する」
> 　　　❹＝When you commit a crime, you are always punished.
> 　　not impossible：「不可能ではない」
> 　　　❺＝It is possible that he will pass the examination.

C さまざまな否定表現

参 p. 388-391

❻ He looked very different. I hardly recognized him. ▶544.
　彼はとても変わっていた。彼だとはほとんどわからなかった。

❼ He didn't learn to drive until he was 31. ▶548.
　彼は31歳になって初めて車の運転ができるようになった。

❽ The operation is quite free from danger. ▶551.
　その手術には危険などまったくありません。

> ❻ 準否定：hardly［scarcely］～（ほとんど～ない）（❻）（＝almost not ～），hardly any ...（…がほとんどない）（＝little ...，few ...），hardly ever ～（めったに～しない）（＝seldom ～，rarely ～）
> ❼❽ さまざまな否定表現
>
> > not ～ until［till］...（…して初めて～する）（❼），free from［of］...（…がない）（❽），It won't be long before ...（まもなく…するだろう），far from ...（けっして…ではない），the last ... to ～（けっして～しない…），anything but ...（…ではけっしてない），beyond［above］...（…できない），do nothing but ～（～してばかりいる），have no choice but to ～（～するしかない），cannot but ～（～しないではいられない）

Exercises

1 斜字体の部分に注意して，次の各文を日本語に直しなさい。　**A** **B**

1. There were *no* children in the yard.

   ----

2. *Not all* Americans have hamburgers and hot dogs.

   ----

3. It does *not always* rain in England.

   ----

4. She *never* watches the TV program *without* laughing.

   ----

2 各組の文がほぼ同じ意味になるように，（　　）内に適語を補いなさい。　**A** **B**

1.
   - I hope to see you tomorrow, but if I don't see you, leave me a message.
   - I hope to see you tomorrow, but if (　　　　　　　), leave me a message.

2.
   - Many of our students live on the campus, but some don't.
   - (　　　　　) (　　　　　　　) our students live on the campus.

3.
   - Money often brings happiness with it, but sometimes doesn't.
   - Money does (　　　　　) (　　　　　) bring happiness with it.

3 （　　）内の語を並べかえて，英文を完成しなさい。　**B**

1. 私と妹は，会えば必ずけんかをする。

   My sister and I (fighting / meet / never / without).

   ----

2. 高級なレストランが美味しいとは限らない。

   Expensive restaurants (have / necessarily / not / do) the best food.

   ----

4 （　　）を補うのに最も適切なものを選びなさい。　**C**

1. It was (　　　　　) the early 1990s that e-mail became widespread.
   (a) not by　　　　(b) until　　　　(c) not until

2. When he was young he played golf every weekend but he (　　　　　) plays now.
   (a) hardly ever　　(b) least often　　(c) only

3. She is the (　　　　　) person to tell a lie.　I believe her.
   (a) last　　　　　(b) least　　　　(c) most

8 さまざまな構文

☑英語に特有の表現(倒置・強調，名詞構文，無生物主語構文)を使えるようになろう。

A 倒置・強調

参 p. 392-396

❶ My blood type is B, and so is my sister's. 　私の血液型はB型で，妹もそうです。　▶552.

❷ Never have I eaten such a big meal. 　▶554.
こんなにたくさんの量の食事は食べたことがありません。

❸ It was Tom that first met Mary at the party. 　▶557.
そのパーティーで初めてメアリーに会ったのはトムでした。

❶ so＋倒置構文：「…もそうだ」← My blood type is B, and **my sister's is** B, **too**.
　neither[nor]＋倒置構文：「…もそうでない」
　　My father can't drive, **nor**[and **neither**] **can my mother**.
　　(父は運転ができませんし，母もできません。)
❷ 否定を表す語 (Never, Little, Hardly)＋V＋S
　　❷ ← I have **never** eaten such a big meal.
❸ It is[was] ... that ～ (強調構文)：It is[was]と that の間の「…」が強調される。

B 名詞構文

参 p. 398-399

❹ Janet is a good speaker of Japanese. 　ジャネットは日本語を上手に話す。　▶565.

❺ Let me have a look at your new bicycle. 　▶566.
あなたの新しい自転車をちょっと見せてください。

❹ 形容詞＋「～する人」：← Janet *speaks* Japanese *well*.
❺ have[take, make, give, get]＋a＋名詞：← Let me *look* at your new bicycle.

/注意 動詞・形容詞を背景に持つ名詞：元の動詞や形容詞に戻すと意味がつかみやすくなる。
　　　She apologized for **her late arrival**. ← She *arrived late*.
　　　(彼女は遅れてやって来たことを謝った。)

✓確認 with＋抽象名詞＝副詞
　　　The old lady crossed the road **with great care**. (＝very carefully)
　　　(その老婦人はとても用心して道路を渡った。)
　　of＋抽象名詞＝形容詞
　　　Oil is **of great importance** to industry. (＝very important)
　　　(石油は産業にとってとても重要である。)

C 無生物主語構文

参 p. 400-401

❻ A good sleep will make you feel better. 　▶568.
[ぐっすりと眠ることが，あなたの気分をよくするでしょう。→]ぐっすりと眠れば，あなたは気分がよくなるでしょう。

❼ The bad weather kept us from going out. 　▶569.
[悪い天候が私たちが外出するのを妨げた。→]天気が悪かったので，私たちは外出できなかった。

❻ 「物が人に～させる」
　　❻ ← If you have a good sleep, you will feel better.
❼ 「物が人が～するのを妨げる」
　　❼ ← Because of the bad weather, we could not go out.

Exercises

1 （　）内の指示に従って書きかえなさい。　　　　　　　　　　**A**

1. I was tired, and the others were tired, too.　（下線部に so を用いて）

----

2. I will never make that mistake again.　（下線部を文頭に出して）

----

3. ①My secretary sent ②the bill ③to Mr. Harding yesterday.
   （下線部①〜③のそれぞれを強調した文に）

   ① --------

   ② --------

   ③ --------

2 各文を（　）内の語を用いて書きかえなさい。　　　　　　　　**B**

1. In my experience, women drive better than men.　（driver を用いて）

----

2. My mother is good at swimming.　（swimmer を用いて）

----

3. We waited at the station for a long time.　（have を用いて）

----

3 各組の文がほぼ同じ意味になるように，（　）内に適語を補いなさい。　**C**

1. If you take this medicine, you will feel better.
   This medicine will （　　　　　　　） you feel better.

2. He couldn't attend the meeting because he had a bad cold.
   A bad cold （　　　　　　） him （　　　　　　） attending the meeting.

3. Thanks to its large ears, a rabbit can hear the slightest sound.
   A rabbit's large ears （　　　　　　） it （　　　　　　） hear the slightest sound.

4. When I hear this song, I always remember our vacation in Mexico.
   This song always （　　　　　　） me （　　　　　　） our vacation in Mexico.

5. According to a survey, Japanese students read books only for 32 minutes a day.
   A survey （　　　　　　） that Japanese students read books only for 32 minutes a day.

More Input !

◆本書で扱っている重要事項を「文法事項」と「表現」の
2つに分けてまとめました。

文法事項のまとめ

■ Lesson 1-2　いろいろな文

文法事項	説明	文法事項	説明
付加疑問文	'肯定文，否定の疑問形？'，'否定文，肯定の疑問形？'：「…でしょう」	命令文	動詞の原形 …：「〜しなさい」 / Let's＋動詞の原形 …：「〜しましょう」
否定疑問文	not を含む短縮形で始まる疑問文：「…ではないのですか」	命令文の否定形	Don't＋動詞の原形 …：「〜するな」
間接疑問文	疑問詞の後を「S＋V」（平叙文の語順）にする　＊疑問詞が主語の場合は，「疑問詞(S)＋V」となる	感嘆文	How＋形容詞［副詞］（＋S＋V）！ / What（a [an]）（＋形容詞）＋名詞（＋S＋V）！：「なんて…なのだろう」

■ Lesson 3-4　文の型

文法事項	説明	文法事項	説明
S＋V	「SはVする」	S＋V＋O＋C	「SはOをCにする［だとわかる］」
S＋V＋C	「SはCである［になる］」	There＋be-動詞＋S(人・物)＋場所を表す語句	人や物の存在を表す：「…には〜がある」
S＋V＋O	「SはOをVする」		
S＋V＋O₁＋O₂	「SはO₁にO₂をVする」		

■ Lesson 5-8　動詞と時制

文法事項	説明	文法事項	説明
現在時制	現在の状態 / 習慣的な動作 / 不変の真理	be going to 〜	主観的な判断 / あらかじめ考えられていた意志・計画
現在進行形	am [are, is] ＋ 〜ing：今だけの進行中の動作	未来を表す現在形	個人的に変更できない確定的な未来の予定
過去時制	過去の状態 / 習慣的な動作 / 1回限りの完結した動作 / 歴史上の事実	未来を表す現在進行形	近い未来の個人的な予定
過去進行形	was [were] ＋ 〜ing：過去のある時点に進行中であった動作	副詞節中の現在時制	時や条件を表す副詞節中では未来のことがらを現在時制［現在完了時制］で表す *when が「いつ〜するか」の意のときや，if が「〜かどうか」の意のときは，未来のことがらは will 〜で表す
現在完了形	have [has] ＋過去分詞：完了・結果 / 経験 / 状態の継続		
現在完了進行形	have [has] been 〜ing：動作の継続 *進行形にできる動詞が用いられる		
		未来進行形	will be 〜ing：未来のある時点で進行中の動作
have been to …	経験・完了：「…へ行ったことがある」/「…へ行ってきたところだ（今ここにいる）」	未来完了形	will have＋過去分詞：未来のある時までの完了・結果 / 経験 / 状態の継続
have gone to …	完了・結果：「…へ行ってしまった（今ここにいない）」	未来完了進行形	will have been 〜ing：未来のある時までの動作の継続
過去完了形	had＋過去分詞：過去のある時点までの完了・結果 / 経験 / 状態の継続	時制の一致	主たる動詞の時制が現在から過去へ変化すると，ほかの動詞の時制も変化すること
過去完了進行形	had been 〜ing：過去のある時点までの動作の継続	時制の一致の影響を受けない例	不変の真理を表す現在時制 / 歴史上の事実を表す過去時制など
will 〜	意志にかかわりなく起こる未来のことがら /（その場で思いついた）主語の意志		

■ Lesson 9-10　助動詞

文法事項	説明	文法事項	説明
can ～	能力：「～することができる」/ 可能性：「～することもありうる」/ 許可：「～してもよい」	don't need to ～	不必要：「～する必要はない」
be able to ～	能力：「～することができる」	would (often) ～	過去の習慣：「かつては～したものだ」
Can [Could] I ～?	許可：「～してもよいですか」	would not ～	強い拒絶：「どうしても～しようとしなかった」
Can [Could] you ～?	依頼：「～してくれませんか」	used to ～	現在と対比された過去の習慣：「(今は～しないが)かつては～した」/ 過去の状態：「(今は…ではないが)かつては…だった」 *would にはこの用法はない
cannot ～	(強い否定の)推量：「～のはずがない」		
Will you ～?	依頼：「～してくれませんか」		
Won't [Will] you ～?	勧誘：「～しませんか」	Would you ～?	ていねいな依頼：「～してくれませんか」
Shall I ～?	相手の意向を尋ねる：「～しましょうか」	should ～, ought to ～	柔らかい助言や勧告：「(当然)～するべきだ」/ 当然起こるはずのことがら：「(当然)～するはずだ」
Shall we ～?	提案：「(一緒に)～しましょう」		
may ～	許可：「～してもよい」/ 推量：「～かもしれない」	had better ～	強い助言や勧告：「～するべきだ，～するのがよい」
must ～	命令・義務・必要：「～しなければならない」/ 強い肯定の推量：「～にちがいない」	may have + 過去分詞	過去のことがらについての推量：「～した[だった]かもしれない」
		must have + 過去分詞	過去のことがらについての推量：「～した[だった]にちがいない」
have to ～	命令・義務・必要：「～しなければならない」	cannot have + 過去分詞	過去のことがらについての推量：「～した[だった]はずがない」
must not ～	禁止：「～してはならない」	should [ought to] have + 過去分詞	過去のことがらについての非難や後悔：「～すべきだったのに(しなかったのは残念だ)」
don't have to ～	不必要：「～する必要はない」		

■ Lesson 11-12　受動態

文法事項	説明	文法事項	説明
受動態の基本形	be-動詞＋過去分詞（＋by ...）	助動詞を含む受動態の基本形	助動詞＋be＋過去分詞
受動態の否定形	主語＋be-動詞＋not＋過去分詞	完了形の受動態の基本形	have [has, had] been＋過去分詞
受動態の疑問形	Be-動詞＋主語＋過去分詞 ...?		
受動態の疑問詞疑問文の基本形	疑問詞＋受動態の疑問文 *「何が～されるか」は，疑問詞主語にそのまま受動態が続く	進行形の受動態の基本形	be-動詞＋being＋過去分詞

■ Lesson 13-16　不定詞

文法事項	説明	文法事項	説明
to-不定詞の否定形	not [never] to 〜	S＋V＋O＋to-不定詞（Vに tell, ask, advise, require, recommend, order, warn などが入る場合）	「Oに〜しなさいと言う」
名詞用法のto-不定詞	「〜すること」*文中で主語・補語・目的語になる		
It is ... to-不定詞	「〜することは…だ」		
S＋V＋C（to-不定詞）	「Sは〜することである」		
S＋V＋O（to-不定詞）	「Sは〜することをVする」	S＋V＋O＋to-不定詞（Vに cause, force, allow, permit, persuade, enable などが入る場合）	「Oに〜させる」
形容詞用法のto-不定詞	「〜する…」*後ろから名詞や代名詞を修飾する		
副詞用法のto-不定詞	目的：「〜するために」/ 結果：「(…して)その結果（〜する）」/ 感情が生じた原因：「〜して」/ 判断を下した根拠：「〜するとは（…だ）」/ 形容詞を限定する：「〜するのが（…だ）」*動詞や形容詞を修飾する		
		make＋O＋動詞の原形	強制：「(無理やりに)Oに〜させる」
		let＋O＋動詞の原形	相手の望む行為を許す：「(許可を与えて)Oに〜させ(てや)る」
S＋V＋O＋to-不定詞（Vに want, wish, prefer, expect などが入る場合）	「Oに〜してもらいたい」	have＋O＋動詞の原形	特定の職業の人への依頼，目下の者に命じる：「Oに〜させる[してもらう]」
		S＋知覚動詞＋O＋動詞の原形	「Oが〜するのを知覚する」

■ Lesson 17-18　動名詞

文法事項	説明	文法事項	説明
動名詞	「〜すること」 *名詞の働きをする	動名詞の完了形	having＋過去分詞
動名詞を目的語としてto-不定詞は目的語としない動詞	enjoy, finish, put off, stop [give up], avoid, deny, admit, imagine, mind, miss, practice, suggest など	動名詞の否定形	not [never]＋動名詞
to-不定詞を目的語として動名詞は目的語としない動詞	wish [hope, want, expect], decide, promise, offer, agree, refuse, pretend など	動名詞の受動態の基本形	being＋過去分詞

■ Lesson 19-20　分詞

文法事項	説明	文法事項	説明
現在分詞＋名詞，名詞＋現在分詞 ...	「〜している…」	have [get]＋O＋過去分詞	使役：「Oを〜してもらう」／被害：「Oを〜される」
過去分詞＋名詞，名詞＋過去分詞 ...	「〜された…」	分詞構文	時：「〜していたときに（…する）」，「〜していて（…する）」／同時に起こることがら：「〜しながら（…する）」／連続して起こることがら：「〜して（…する）」／理由：「〜なので（…）」
知覚動詞＋O＋現在分詞	「Oが〜しているのを知覚する」		
知覚動詞＋O＋過去分詞	「Oが〜されるのを知覚する」	分詞構文の否定形	not [never]＋分詞構文

■ Lesson 26-27　仮定法

文法事項	説明	文法事項	説明
仮定法過去	If＋S＋過去形（be-動詞は were）...，S＋助動詞の過去形＋動詞の原形 ...：「もしも（今）…ならば，〜するのだが［〜できるのだが］」と現在の事実に反することを仮定する	未来のことを表す仮定法	if＋S＋should 〜／if＋S＋were to 〜，S＋助動詞の過去形＋動詞の原形 ...／仮定法過去：「（こんなことは起こらないと思うが）もしも（万が一）…すれば」
仮定法過去完了	If＋S＋had＋過去分詞 ...，S＋助動詞の過去形＋have＋過去分詞 ...：「もしも（あのとき）…ならば，〜したのだが［〜できたのだが］」と過去の事実に反することを仮定する	if のない仮定法	if を省略し疑問文の語順にする

■ Optional Lesson 4　代名詞

文法事項	説明	文法事項	説明
one	a [an]＋既出名詞の代わりをする	each of the [my]＋数えられる名詞の複数形	「…のそれぞれ」　＊単数扱い
another	「もうひとつ別の（もの）」		
the other	２つのものの一方を one とするときの「残ったもうひとつ」	none of the [my]＋数えられる名詞の複数形	「…のどれも〜ない」＊原則として複数扱い
others	いくつもあるものの「いくつか」を some とするときの「残ったものの中のいくつか」		
(all) the others	いくつもあるものの「いくつか」を some とするときの「残ったいくつか（全部）」	none of the [my]＋数えられない名詞	「…のどれも〜ない」　＊単数扱い
all (of) the [my]＋数えられる名詞の複数形	「…のすべて」　＊複数扱い	both	「（２つのものの）両方（の）」＊複数扱い
		either	「（２つのものの）どちらか一方（の）」＊単数扱い
all (of) the [my]＋数えられない名詞	「…のすべて」　＊単数扱い	not ... either	「どちらも…ない」
		neither	「（２つのものの）どちらも…ない」＊原則として単数扱い

表現のまとめ

■ Lesson 11-12 受動態

表現	意味	表現	意味
be crowded with ...	…で混雑している	be surprised at ...	…に驚く
be filled with ...	…でいっぱいである	be pleased [delighted] with ...	…に喜ぶ
be (well) known to ...	…に(よく)知られている		
be covered with [in] ...	…で覆われている	be satisfied with ...	…に満足している
be dressed in ...	…を着ている	be tired of ...	…にあきあきしている
be caught in ...	…(にわか雨など)にあう	be injured [hurt]	けがをする
be accustomed [used] to ...	…に慣れている	be killed	死ぬ
		be wounded	負傷する
be interested in ...	…に興味を持っている	be delayed	遅れる

■ Lesson 13-16 不定詞

表現	意味	表現	意味
in order [so as] to ~	~するために:(目的)	seem [appear] to have ＋過去分詞	~した[…であった]ようだ
in order [so as] not to ~	~しないように		
		be ready to ~	喜んで~する
It is ... for A to ~	Aが~することは…だ	turn out (to be) ...	後になって…だとわかる
It is ... of A to ~	~するとはAは…だ ＊「…」に人の性質・性格を表す形容詞を置く	be willing to ~	~する気がある, 快く~する
		be unwilling to ~	~するのは気が進まない
too ... to ~	~するには…すぎる, …すぎて~できない	be anxious [eager] to ~	しきりに~したがっている
so ... that S cannot ~	~するには…すぎる, …すぎて~できない	be sure [certain] to ~	きっと~する
		be apt [liable] to ~	~しがちである
... enough to ~	~できるほど(十分に)…, (十分に)…なので~できる	be free to ~	自由に~することができる
so ... that＋肯定文	~できるほど(十分に)…, (十分に)…なので~できる	be likely to ~	~しそうだ, ~する可能性が高い
		be unable to ~	~できない
what to ~	何を~するべきか	to be frank with you	率直に言えば
how to ~	どのように~するべきか, ~しかた	to say nothing of [not to mention] ...	…は言うまでもなく
who to ~	だれに~するべきか	needless to say	言うまでもなく
which to ~	どちらを~するべきか	strange to say	奇妙な話だが
when to ~	いつ~するべきか	to begin with	まず第一に
where to ~	どこへ~するべきか	to make matters worse	さらに悪いことには
whether to ~ (or not)	~するべきかどうか	so to speak [as it were]	いわば
seem [appear] to ~	~のようだ	to be sure	確かに, なるほど

■ Lesson 17-18　動名詞

表現	意味	表現	意味
remember 〜ing	（過去に）〜したことを覚えている	There is no point in 〜ing	〜してもむだだ
remember to 〜	〜しなければならないことを覚えている	There is no 〜ing	〜することはできない
forget 〜ing	（過去に）〜したことを忘れる	be worth 〜ing	〜するだけの価値がある
forget to 〜	〜しなければならないことを忘れる	on 〜ing	〜するとすぐに
		in 〜ing	〜するとき
regret 〜ing	（過去に）〜したことを残念に思う	feel like 〜ing	〜したい気分だ
regret to 〜	〜しなければならないことを残念に思う	prevent [keep, stop] ... from 〜ing	…が〜するのを妨げる
look forward to 〜ing	〜することを楽しみにして待つ	It goes without saying that ...	…は言うまでもない
It is no use [no good] 〜ing	〜してもむだだ	What do you say to 〜ing?	〜してはどうですか，〜しませんか

■ Lesson 19-20　分詞

表現	意味	表現	意味
frankly speaking	率直に言えば	judging from ...	…から判断すれば
generally speaking	一般的に言えば	talking [speaking] of ...	…と言えば
strictly speaking	厳密に言えば	weather permitting	天気がよければ[許せば]
personally speaking	個人的に言えば	all things considered	あらゆることを考慮に入れると

■ Lesson 21-22　比較

表現	意味	表現	意味
A ... as＋原級＋as B	AはBと同じぐらい〜である（A＝B）	the second [third, fourth, ...]＋最上級＋名詞	X番目に〜な…
A ... not as [so]＋原級＋as B	AはBほど〜でない（A＜B）	X times as＋原級＋as A	AのX倍…
		as＋原級＋as possible	できるだけ…
A ... 比較級＋than B	AはBよりも〜（A＞B）	as＋原級＋as＋人＋can	できるだけ…
much [far, a lot, even, still]＋比較級	はるかに[ずっと]〜：（比較級の強調）	not so much A as B	AというよりはむしろB
		not so much as＋動詞	〜しさえしない
数量を表す語句＋比較級	…だけ〜である：（程度の差を表す）	not even＋動詞	〜しさえしない
the＋最上級＋in ...	…の中で一番〜である＊「...」には場所や集団を表す単数名詞を置く	as many as＋数	…もの（数が多いという気持ちを表す）
the＋最上級＋of ...	…の中で一番〜である＊「...」には複数のものや特定の期間を表す語句を置く	as much as＋量・金額	…もの（量・金額が多いという気持ちを表す）
		比較級＋and＋比較級	だんだんと…，ますます…
		The＋比較級 〜, the＋比較級 ...	〜すればするほど，それだけいっそう[ますます]…
much [by far]＋the＋最上級	ずば抜けて（一番）〜：（最上級の強調）	A ... less＋原級＋than B	AはBほど〜でない
		the＋比較級＋of the two	2つのうちで…なほう

■ Lesson 23-25　関係詞

表現	意味	表現	意味
what is called [what we call] ...	いわゆる…	whenever	…するときはいつでも, いつ…しても (＝no matter when)
what A is	今日のA		
what A used to be	かつてのA		
what is＋比較級	さらに…なことには	wherever	…するところはどこでも, どこで…しても (＝no matter where)
whoever	…する人はだれでも, だれが…しても (＝no matter who)		
whatever	…するものは何でも, 何が…しても (＝no matter what)	however	たとえどんなに…であっても (＝no matter how)

■ Lesson 26-27　仮定法

表現	意味	表現	意味
I wish＋仮定法過去	(今)…であればなあ	Without [But for] ...	もしも(今)…がなければ, もしも(あのとき)…がなかったら
I wish＋仮定法過去完了	(あのとき)…であったらなあ		
If only＋仮定法の文!	…でさえあればなあ	If it had not been for ...	もしも(あのとき)…がなかったら
as if [as though]＋仮定法の文	まるで…かのように	It is (high) time＋仮定法過去の文	もう〜していいころなのに (まだ〜していないのか)
If it were not for ...	もしも(今)…がなければ		

■ Optional Lesson 1　接続詞

表現	意味	表現	意味
命令文, and ...	〜しなさい。そうすれば…	after	…した後で
		until [till]	…するまで
命令文, or ...	〜しなさい。そうしないと…	since	…して以来
		because	…なので
either A or B	AかBかどちらか(一方)	since [as]	…なので
both A and B	AもBも両方とも	if	もしも…ならば
neither A nor B	AもBも両方とも…ない	unless	もしも…ないならば
not A but B	AではなくてB	although [though]	…だけれども
not only A but (also) B	AだけでなくBもまた	so that ... can [will] 〜	…が〜できる[〜する]ように
when	…するとき		
while	…する間	so ... that 〜	とても…なので〜, 〜するほど…
before	…する前に		

■ Optional Lesson 5　形容詞と副詞

表現	意味	表現	意味
many	多くの　＊数えられる名詞の複数形の前に置く	only a few [only a little]	ほんのわずかしか…ない
		be good at ...	…が得意である
much	多くの　＊数えられない名詞の前に置く	be bad at ...	…が下手である
		be short of ...	…が不足している
a few	少しはある　＊数えられる名詞の複数形の前に置く	be familiar with ...	…をよく知っている
		be free to ～	自由に～することができる
a little	少しはある　＊数えられない名詞の前に置く	be quick [slow] to ～	～するのが速い[遅い]
		be sure [certain] to ～	きっと～する：(話者の確信)
few	少ししかない　＊数えられる名詞の複数形の前に置く	be aware that ...	…に気づいている
		be glad [happy] (that) ...	…に喜んでいる
little	少ししかない　＊数えられない名詞の前に置く	be sure [certain] (that) ...	…を確信している

■ Optional Lesson 6　前置詞

表現	意味	表現	意味
between	(2つのもの)の間に	thanks to ...	…のおかげで
among	(3つ以上のもの)の間に	as for ...	…について言えば
along	(細長いもの)に沿って	as to ...	…について
across	…を横切って	by means of ...	…を(手段として)用いて
around	…のまわりに[あちこちに]	for the purpose of ～ing	～するために
beyond	(…を越えて)…の向こうに	for fear of ～ing	～することを恐れて
in front of	…の前に	for the sake of ...	…の(利益の)ために
behind	…の後ろに	in spite of ...	…にもかかわらず
because of ...	…のために：(原因)	according to ...	…によれば，…に従って
owing to ...	…のために：(原因)	instead of ...	…の代わりに
on account of ...	…のために：(原因)	in addition to ...	…に加えて

■ Optional Lesson 7 / 8　否定／さまざまな構文

表現	意味	表現	意味
no＋名詞	ひとつも[まったく]ない	seldom ～	めったに～しない
not＋「すべて[いつも，完全に]」を表す語	すべてが[いつも]…であるわけではない	rarely ～	めったに～しない
		not ～ until [till] ...	…して初めて～する
		free from [of] ...	…がない
not [never] ... without ～ing	…すれば必ず～する	It won't be long before ...	まもなく…するだろう
		far from ...	けっして…ではない
not impossible	不可能ではない	the last ... to ～	けっして～しない…
hardly ～	ほとんど～ない	anything but ...	…ではけっしてない
scarcely ～	ほとんど～ない	beyond [above] ...	…できない
almost not ～	ほとんど～ない	do nothing but ～	～してばかりいる
hardly any ...	…がほとんどない	have no choice but to ～	～するしかない
little ...	…がほとんどない	cannot but ～	～しないではいられない
few ...	…がほとんどない	so＋倒置構文	…もそうだ
hardly ever ～	めったに～しない	neither [nor]＋倒置構文	…もそうでない

ターゲット例文集

◆本書で扱ったターゲット例文をまとめました。日本語の意味を表すように，（　　　）内に適語を補いなさい。
◆各ページの例文で答えを確認しましょう。

Get Ready 1　be-動詞の文と一般動詞の文

A ❶ I （　　　） a good tennis player.
　私はテニスが得意です。

❷ Naoko and I （　　　） good friends.
　ナオコと私はよい友だちです。

❸ My name （　　　） Miyajima Aki.
　私の名前は宮島亜紀です。

B ❶ I （　　　） tired, but I （　　　） （　　　） sleepy.
　私は疲れていますが，眠くはありません。

❷ （　　　） （　　　） from Canada? —— Yes, she is. / No, she isn't.
　彼女はカナダ出身ですか。——はい，そうです。／いいえ，違います。

C ❶ I （　　　） to school by train.
　私は電車で通学しています。

❷ You （　　　） the guitar very well.
　きみはギターがとても上手だ。

❸ My brother （　　　） his car every weekend.
　私の兄は毎週週末に車を洗います。

D ❶ I （　　　） Japanese, but I （　　　） （　　　） （　　　） Chinese.
　私は日本語は話しますが，中国語は話しません。

❷ My sister （　　　） a soccer fan, but she （　　　） （　　　） （　　　） soccer.
　姉はサッカーファンですが，サッカーはしません。

❸ （　　　） you （　　　） our school?
　—— Yes, I do. / No, I don't.
　あなたは私たちの学校を気に入っていますか。——ええ，気に入っています。／いいえ，気に入っていません。

❹ （　　　） Tom （　　　） a blog on the Internet?
　——Yes, he does. / No, he doesn't.
　トムはインターネットでブログを書いていますか。——はい，書いています。／いいえ，書いていません。

Get Ready 2　過去の表現と未来の表現

A ❶ I （　　　） tired last night.
　私は昨日の夜は疲れていました。

❷ My mother （　　　） sick in bed yesterday.
　母は，昨日は体調が悪くて寝ていました。

❸ We （　　　） young.
　私たちは若かった。

B ❶ I （　　　） Emily last night.
　私は昨日の夜エミリーにEメールを送りました。

❷ My father （　　　） to work by train last week.
　私の父は先週は電車で通勤しました。

C ❶ I saw Naoko this morning, but I （　　　） （　　　） （　　　） Aki.
　今朝ナオコは見かけましたが，アキは見かけませんでした。

❷ （　　　） you （　　　） a new computer?
　—— Yes, I did. / No, I didn't.
　新しいコンピュータを買いましたか。——はい，買いました。／いいえ，買いませんでした。

D ❶ I think Sue （　　　） （　　　） the present.
　スーはプレゼントを気に入るだろうと思います。

❷ I'm tired. I think I （　　　） （　　　） to bed early tonight.
　疲れたよ。今夜は早く寝ようと思う。

❸ I （　　　） （　　　） （　　　） （　　　） at home and do my homework this afternoon.
　今日の午後は家にいて宿題をするつもりです。

Get Ready 3　語順

A ❶ Good （　　　） （　　　） hard.
　よい学生は一生懸命に勉強する。

❷ （　　　） （　　　） at the airport at 7 o'clock.
　私たちは7時に空港に着きました。

B ❶ My sister (　　　) (　　　) every Sunday.　　妹は毎週日曜日にテニスの練習をします。

❷ I often (　　　) (　　　) (　　　).　　私はよくスポーツ雑誌を読みます。

C ❶ Tom gave (　　　) (　　　) (　　　) (　　　).　　トムは母親に花をあげた。

❷ The art club members show (　　　) (　　　) (　　　) (　　　).　　美術部の部員たちは，私たちにすばらしい絵を見せてくれます。

D ❶ Tom gave (　　　) (　　　) (　　　) (　　　) (　　　).　　トムは母親に花をあげた。

❷ The art club members show (　　　) (　　　) (　　　) (　　　) (　　　).　　美術部の部員たちは，私たちにすばらしい絵を見せてくれます。

Get Ready 4　修飾のパターン

A ❶ Yuki has a (　　　) cat.　　ユキは黒い猫を飼っています。

❷ Yuki has a (　　　) (　　　) cat.　　ユキは太った黒い猫を飼っています。

❸ Yuki has a (　　　) (　　　) (　　　) cat.　　ユキは大きな太った黒い猫を飼っています。

B ❶ He drives (　　　).　　彼は注意深く運転する。

❷ He ate his dinner (　　　).　　彼は急いで夕食を食べました。

C ❶ I want something (　　　) (　　　).　　私は何か食べ物がほしい。

❷ He is studying hard (　　　) (　　　) the exam.　　彼は試験に合格するために一生懸命に勉強しています。

D ❶ I know the children (　　　) in the yard.　　私は庭で遊んでいる子どもたちを知っています。

❷ This is the window (　　　) by Tom.　　これがトムによって壊された窓です。

❸ I met a girl (　　　) likes soccer very much.　　私はサッカーが大好きな女の子に会いました。

Lesson 1　いろいろな文 (1)

❶ They (　　　) (　　　) my classmates. They (　　　) my seniors.　　彼らは私のクラスメートではありません。上級生です。

❷ (　　　) (　　　) an exchange student? —— Yes, I am.　　あなたは交換留学生ですか。——はい，そうです。

❸ My sister (　　　) the piano very well.　　私の姉はピアノがとても上手です。

❹ I (　　　) John, but I (　　　) (　　　) (　　　) Mary.　　私はジョンに電話をかけましたが，メアリーにはかけませんでした。

❺ (　　　) you (　　　) the party? —— Yes, I did.　　あなたはパーティーを楽しみましたか。——ええ，楽しかったわ。

❻ (　　　) telephoned Ann? —— Tom did.　　だれがアンに電話したのですか。——トムです。

❼ (　　　) is your favorite subject? —— It's science.　　好きな科目は何ですか。——理科です。

❽ (　　　) was he late? —— He was late because he missed the bus.　　彼はなぜ遅れたのですか。——バスに乗り遅れて遅れたのです。

❾ (　　　) did he talk (　　　)? —— He talked with Mary.　　彼はだれと話したのですか。——メアリーと話しました。

Lesson 2　いろいろな文 (2)

❶ Mary is your classmate, (　　　) (　　　)? —— Yes, she is. / No, she isn't.　　メアリーはあなたのクラスメートでしょう。——はい，そうです。 / いいえ，違います。

❷ You don't like cheese, (　　　)(　　　)?
　── No, I don't. / Yes, I do.
▲❸ (　　　)(　　　) watch TV last night? ──
　Yes, I did. / No, I didn't.
❹ I don't know (　　　　) she wants.
❺ Excuse me, can you tell me (　　　) the
　museum is?
❻ (　　　) your name slowly.
❼ (　　　)(　　　). I can help you.
❽ (　　　)(　　　) the new DVD.
❾ (　　　) beautiful her voice is!
❿ (　　　) a lovely sunset (it is)!

あなたはチーズが好きではないのですね。──はい，好きではありません。／ いいえ，好きです。
昨夜はテレビを見なかったのですか。──いいえ，見ました。／ はい，見ませんでした。
私は彼女が何をほしがっているのかわかりません。
すみませんが，博物館はどこにあるか教えてくれませんか。
あなたの名前をゆっくりともう一度言ってください。
心配するなよ。ぼくが手伝ってあげるから。
新しい DVD を見ましょう。
彼女の声はなんてきれいなのでしょう。
なんてきれいな夕日なのでしょう。

Lesson 3　文の型 (1)

❶ Our school (　　　) at 8:30.
❷ I (　　　) to the cafeteria for lunch.
❸ Many people in our town (　　　) in the
　factory.
❹ Rose (　　　) my pet dog. She (　　　)
　very cute.
❺ I sometimes (　　　) very hungry in the morning.
❻ We (　　　) soccer from Monday to Saturday.
❼ Sally (　　　) ice cream. Ben (　　　) it,
　too.

私たちの学校は 8 時半に始まります。
私は昼食を食べに食堂に行きます。
私たちの町の多くの人々はその工場で働いています。
ローズは私の飼っている犬です。彼女はとてもかわいいです。
私はときどき午前中にとてもおなかがすきます。
私たちは月曜日から土曜日までサッカーをします。
サリーはアイスクリームが好きです。ベンもそれが好きです。

Lesson 4　文の型 (2)

❶ Our coach (　　　) us good advice.
❷ My father (　　　) me a computer.
❸ Music (　　　) me happy.
❹ We (　　　) the holidays "Golden Week."
❺ I (　　　) the movie very exciting.
❻ (　　　)(　　　) a river near my house.
❼ (　　　)(　　　) many movie theaters in this
　city.

コーチは私たちによいアドバイスをしてくれます。
父は私にコンピュータを買ってくれた。
音楽は私を幸せにしてくれます。
私たちはその休日を「ゴールデンウィーク」と呼びます。
その映画は見てみると，とてもわくわくするものだった。
私の家の近くには川があります。
この街には映画館がたくさんあります。

Lesson 5　現在・過去・未来

❶ They (　　　) in the park every morning.
❷ (　　　)(　　　) at a beach in Okinawa now.
▲❸ I (　　　) a good personal computer.
❹ He (　　　) some postcards in Kyoto.
❺ Steve (　　　)(　　　) a book when the
　phone rang.
❻ It (　　　)(　　　) rainy and windy in the afternoon.
❼ (　　　)(　　　) you my new CD tomorrow.
❽ It's cloudy. I think it's (　　　)(　　　)(　　　).

彼らは毎朝公園でジョギングをする。
私は今，沖縄の海岸で泳いでいるところです。
私はよいパソコンを持っています。
彼は京都で絵はがきを何枚か買いました。
電話が鳴ったとき，スティーブは本を読んでいた。

午後は雨で風が強くなるでしょう。
明日私の新しい CD を貸してあげましょう。
曇っています。雨が降りそうです。

⑨ We (　　　) (　　　) (　　　) (　　　) the mountain because the weather is fine today.

今日は天気がいいので，私たちはその山に登るつもりです。

Lesson 6　現在完了形

❶ I (　　　) (　　　) my key.
❷ Our friends (　　　) just (　　　).
❸ I (　　　) (　　　) a horse once.
❹ (　　　) you ever (　　　) to Disneyland?
❺ Takeshi and I (　　　) (　　　) friends since we met at the party last year.
❻ The computer (　　　) (　　　) (　　　) strange sounds since yesterday.

私はかぎをなくしてしまいました。
私たちの友だちがちょうど着いたところです。
私は一度馬に乗ったことがあります。
ディズニーランドへ行ったことがありますか。
タケシと私は去年そのパーティーで会って以来の友だちです。
そのコンピュータは昨日から変な音がします。

Lesson 7　過去完了形

❶ I arrived late at the station.　The train (　　　) (　　　).
❷ I (　　　) never (　　　) in a plane before I visited London last year.
❸ He (　　　) (　　　) sick in bed for a week when I visited him.
❹ He (　　　) a pendant in Paris and (　　　) it to her.
❺ He (　　　) her a pendant which he (　　　) (　　　) in Paris.

私は駅に着くのが遅れた。列車はもう出たあとだった。
私は昨年ロンドンを訪れる以前は，飛行機に乗ったことはありませんでした。
私が見舞いに行ったとき，彼は1週間病気で寝込んでいた。
彼はパリでペンダントを買って，それを彼女にあげた。
彼は彼女に，パリで買ったペンダントをあげた。

Lesson 8　未来の表現

❶ The lunar eclipse (　　　) at 7:30 p.m. this Friday.
❷ My aunt (　　　) (　　　) to my house this Friday.
ᴬ❸ She'll call me when she (　　　) home.
ᴬ❹ If it (　　　) tomorrow, I'll take the bus to school.
ᴬ❺ Don't call me between 7:00 and 8:00. (　　　) (　　　) (　　　) my homework then.
ᴬ❻ Next spring, Mr. Tanaka (　　　) (　　　) (　　　) at this school for 40 years.

月食は今週金曜日の午後7時半に始まります。
私のおばが今週金曜日にうちに来ることになっています。
彼女は家に帰ったら私に電話してくるでしょう。
もし明日雨が降れば，バスで学校に行きます。
7時から8時までは電話をしないでくれ。そのころは宿題をやっているだろうから。
来春，田中先生はこの学校で40年間教壇に立ったことになります。

Lesson 9　助動詞 (1)

❶ (　　　) you swim?　── Yes, I (　　　), but I (　　　) dive.
❷ (　　　) you teach me how to cook fried noodles?
❸ You (　　　) be tired.　You've just had a rest.
❹ (　　　) I start cooking?　── Yes, go ahead.

あなたは泳げますか。──はい，泳げますが，もぐれません。
焼きそばの作り方を教えてくれませんか。
あなたは疲れているはずがありません。休憩をとったばかりでしょう。
料理を始めてもいいですか。──ええ，どうぞ。

❺ Where is Sally? —— She（　　　）be in the gym.

サリーはどこかしら。——体育館かもしれません。

❻ You（　　　）wash your hands before you cook.

料理をする前に手を洗わなければいけません。

❼ Students（　　　）（　　　）use cell phones at school.

生徒は，学校で携帯電話を使ってはいけません。

❽ Have a rest. You（　　　）be tired.

休憩をとりなさい。あなたは疲れているにちがいありません。

Lesson 10　助動詞⑵

❶ When we were children, we（　　　）often play on this beach.

子どものころ，私たちはよくこの浜辺で遊んだものだ。

❷ My father（　　　）（　　　）walk to his office, but now he takes the bus.

父はかつては歩いて会社へ行っていましたが，今ではバスを利用しています。

▲❸ （　　　）（　　　）please turn on the light?

明かりをつけてくださいませんか。

❹ You have a slight fever. You（　　　）stay home today.

少し熱があるわ。今日は家にいなさい。

❺ It's cold. You（　　　）（　　　）wear a coat.

冷えるので，コートを着たほうがいい。

❻ It's almost 6：00. Mary（　　　）be home soon.

もう6時だ。メアリーはやがて帰って来るはずだ。

▲❼ Did they win the game? —— I'm not sure. They（　　　）（　　　）（　　　）.

彼らは試合に勝ちましたか。——よくわかりません。勝ったかもしれません。

▲❽ Did Tom hear the news? —— Yes, he（　　　）（　　　）（　　　）it. / No, he（　　　）（　　　）（　　　）it.

トムはその知らせを聞きましたか。——ええ，聞いたにちがいありません。/ いいえ，聞いたはずがありません。

▲❾ The movie was great. You（　　　）（　　　）（　　　）with us.

その映画はすごかった。きみも一緒に来るべきだったのに。

Lesson 11　受動態⑴

❶ Soccer（　　　）（　　　）（　　　）many people around the world.

サッカーは世界中の多くの人たちに愛されています。

❷ His work（　　　）（　　　）before five o'clock.

彼の仕事は5時前に終えられた。

❸ Mail（　　　）（　　　）（　　　）on Sunday.

郵便物は日曜日には配達されません。

❹ （　　　）the streets（　　　）every day?

通りは毎日掃除されるのですか。

❺ When（　　　）this shopping mall（　　　）?

このショッピングセンターはいつ建てられたのですか。

❻ Jim（　　　）（　　　）a new computer by the school.

ジムは学校から新しいコンピュータを貸してもらった。

❼ A new computer（　　　）（　　　）(to) Jim by the school.

新しいコンピュータが学校からジムに貸し与えられた。

❽ My name is Richard, and I（　　　）（　　　）Dick by my friends.

ぼくの名前はリチャードで，友人たちにはディックと呼ばれています。

▲❾ Their wedding（　　　）（　　　）（　　　）till next June.

彼らの結婚式は来年の6月まで延期された。

Lesson 12　受動態 (2)

❶ The problem of pollution (　　) (　　) (　　).　公害問題は解決されなければならない。

A ❷ Where's my bike?　It (　　) (　　) (　　).　ぼくの自転車はどこだ？　盗まれてしまった。

A ❸ The computer (　　) (　　) (　　), so you can't use it.　そのコンピュータは修理中なので使えません。

❹ The town (　　) (　　) (　　) Christmas shoppers.　町はクリスマスの買い物客で混雑していた。

❺ Everybody (　　) (　　) (　　) the news.　だれもがそのニュースに驚いた。

❻ Don't worry.　Your leg (　　) (　　) seriously.　心配しないで。脚のけがはひどくはありませんよ。

A ❼ (　　) (　　) (　　) (　　) tortoises live longer than elephants.　カメはゾウよりも長生きするそうだ。

A ❽ Tortoises (　　) (　　) (　　) live longer than elephants.　カメはゾウよりも長生きするそうだ。

Lesson 13　不定詞 (1)

❶ (　　) is dangerous (　　) (　　) everything on the Internet.　インターネット上のすべてのことを信じるのは危険です。

❷ My dream is (　　) (　　) computer engineering at university.　私の夢は大学で情報工学を勉強することです。

❸ I want (　　) (　　) some information about current events in the world.　私は世界の最新の出来事について情報を得たい。

A ❹ I found (　　) easy (　　) (　　) a horse.　やってみると，馬に乗るのは簡単だった。

❺ I need something warm (　　) (　　).　私は何か暖かい服が必要です。

❻ Neil Armstrong was the first man (　　) (　　) on the moon.　ニール・アームストロングは月面を歩いた最初の人だった。

❼ We had a chance (　　) (　　) about fashion.　私たちはファッションについて話す機会がありました。

Lesson 14　不定詞 (2)

❶ My mother goes to the supermarket (　　) (　　) some food.　母は食料を買うためにスーパーへ行きます。

❷ He came in quietly (　　) (　　) (　　) (　　) (　　) the child.　子どもを起こさないように，彼は静かに入って来た。

❸ He awoke (　　) (　　) himself in a strange room.　目が覚めてみると，彼は見知らぬ部屋にいた。

❹ I was happy (　　) (　　) the clean kitchen.　私はきれいな台所を見てうれしかった。

❺ You were very nice (　　) (　　) me home.　家まで車で送ってくださるなんてあなたはとても親切でしたね。

❻ This cake is very easy (　　) (　　).　このケーキは作るのがとても簡単です。

❼ It is fun (　　) (　　) (　　) (　　) an email in English to my Canadian friend.　私はカナダ人の友だちに英語でEメールを送るのが楽しい。

❽ It was careless (　　) (　　) (　　) (　　) your umbrella in the train.　かさを列車に置き忘れるとは，あなたも不注意でしたね。

Lesson 15　不定詞 (3)

❶ Kathy (　　　) her parents (　　　) (　　　) her to New York.

キャシーは両親にニューヨークに連れて行ってもらいたがっている。

❷ Our teacher (　　　) us (　　　) (　　　) an English play at the school festival.

先生は私たちに，文化祭で英語劇をするようにと言いました。

❸ He doesn't (　　　) anyone (　　　) (　　　) in his house.

彼は自分の家の中ではだれにもタバコを吸わせない。

❹ The coach (　　　) us (　　　) every day.

コーチは私たちを毎日走らせた。

❺ Her father didn't (　　　) her (　　　) abroad.

彼女の父親は彼女を外国に行かせなかった。

❻ I'll (　　　) the gardener (　　　) some trees.

私は庭師に何本か木を植えてもらいます。

❼ They (　　　) Tom (　　　) into his car.

彼らはトムが車に乗り込むのを見た。

❽ I (　　　) him (　　　) the engine.

私は彼がエンジンをかけるのを聞いた。

❾ My grandmother is (　　　) old (　　　) (　　　) alone.

私の祖母は年をとりすぎていて1人旅はできません。

❿ I was hungry (　　　) (　　　) (　　　) two hamburgers.

ぼくはハンバーガーを2つ食べられるほどおなかがすいていました。

Lesson 16　不定詞 (4)

❶ I don't know (　　　) (　　　) (　　　).

私は何をすればいいかわかりません。

❷ I'll show you (　　　) (　　　) (　　　) for the school festival.

文化祭のためにブレイクダンスの踊り方を教えてあげましょう。

△ ❸ Jenny (　　　) (　　　) (　　　) her new bike.

ジェニーは新しい自転車を気に入っているようだ。

△ ❹ Oh, no! I (　　　) (　　　) (　　　) (　　　) my wallet.

あらいやだ。財布を忘れてきたみたいだわ。

△ ❺ If you need me, I'm (　　　) (　　　) help.

私が必要でしたら，喜んでお手伝いします。

△ ❻ (　　　) (　　　) (　　　) (　　　), I don't like her.

実を言うと，彼女は好きではありません。

Lesson 17　動名詞 (1)

❶ (　　　) a car on the street is bad manners.

道端に車を駐車することは悪いマナーです。

❷ Her share is (　　　) the living room.

彼女の分担は，リビングの掃除をすることです。

❸ I'll start (　　　) a diary in English.

私は英語で日記をつけはじめるつもりです。

❹ I'm afraid of (　　　) mistakes when I speak English.

私は英語を話すときに間違うのが怖い。

❺ Ann enjoys (　　　) dinner for her family.

アンは家族のために夕食を作るのが楽しみです。

❻ He hasn't finished (　　　) yet tonight.

彼は今夜はまだ勉強を終えていません。

❼ Don't put off (　　　) to see the dentist.

歯医者に診てもらうのを先に延ばすな。

❽ I (　　　) (　　　) on my first day at school.

私は初めて学校へ行った日に泣いたことを覚えています。

❾ Please (　　　) (　　　) (　　　) the letter.

忘れずに手紙を出してね。

Lesson 18　動名詞 (2)

△ ❶ He is proud of (　　　) (　　　) (　　　) a police officer.

彼は父親が警官であることを誇りにしている。

△❷ Do you mind （　　　）（　　　） your car?

△❸ He was not aware of （　　　）（　　　） her feelings.

△❹ （　　　）（　　　）（　　　）（　　　） about the weather.

△❺ （　　　）（　　　）（　　　）（　　　） when the storm will end.

△❻ Do you think a second language （　　　）（　　　）（　　　）?

あなたの車を動かしてもいいですか。

彼は彼女の感情を傷つけたことに気づいていなかった。

天気のことで不平を言ってもむだだ。

嵐がいつおさまるかわからない。

第二言語を学ぶ価値があると思いますか。

Lesson 19　分詞 (1)

❶ The （　　　） men are very big.

❷ He's a sumo wrestler （　　　） by many people.

❸ The old lady sat （　　　） a book by the fire.

❹ He kept me （　　　） in the rain.

❺ I （　　　） Ann （　　　） for a bus.

❻ I （　　　） my name （　　　）.

△❼ Lisa （　　　） the roof （　　　） yesterday.

△❽ I （　　　） my hand （　　　） in the door.

戦っている男の人たちはとても大きい。

彼は多くの人たちに愛されている相撲取りです。

その老婦人は暖炉のそばに座って, 本を読んでいた。

彼は私を雨の中待たせた。

私はアンがバスを待っているのを見た。

私は自分の名前が呼ばれるのを聞いた。

リサは昨日屋根を修理してもらった。

私はドアに手をはさまれた。

Lesson 20　分詞 (2)

❶ （　　　） on the TV, Ann sat down on the sofa.

❷ （　　　） in easy English, this book is suitable for beginners.

❸ The boy rowed the boat, （　　　） a song.

❹ （　　　） along the street yesterday, I met Sally.

△❺ （　　　）（　　　） his dinner, he ran out of the house.

△❻ （　　　）（　　　）（　　　） fine, we decided to go swimming.

△❼ （　　　）（　　　）, you are mistaken.

テレビをつけて, アンはソファーに座った。

やさしい英語で書かれているので, この本は初心者向きである。

少年は歌を歌いながらボートをこいだ。

昨日通りを歩いていて, 私はサリーに出会った。

夕食をすますと, 彼は家を飛び出して行った。

天気がよかったので, 私たちは泳ぎに行くことにした。

率直に言って, あなたは間違っています。

Lesson 21　比較 (1)

❶ I'm （　　　）（　　　）（　　　） you.

❷ Rome is an old city, but it's （　　　）（　　　）（　　　）（　　　） Athens.

❸ Health is （　　　）（　　　）（　　　） money.

❹ To me, science is （　　　）（　　　）（　　　）（　　　） English.

❺ My father is （　　　）（　　　）（　　　）（　　　） my mother.

❻ Mary is （　　　）（　　　） girl （　　　） our class.

❼ Bob likes history (the)（　　　）（　　　） all subjects.

私はあなたと同じくらいうれしいです。

ローマは古い都市だが, アテネほど古くはない。

健康はお金よりも大切である。

私には, 科学のほうが英語よりずっとおもしろい。

父は母より3歳年上です。

メアリーは私たちのクラスの中で一番背が高い女の子です。

ボブはすべての科目の中で歴史が一番好きだ。

⑧ Alaska is （　　　）（　　　）（　　　） state （　　　） the USA.

アラスカは合衆国でずば抜けて大きな州である。

⑨ Los Angeles is （　　　）（　　　）（　　　） city （　　　） the U.S.

ロサンゼルスは合衆国で2番目に大きな都市だ。

Lesson 22　比較（2）

❶ （　　　）（　　　） state in the USA is （　　　）（　　　）（　　　） Alaska.

合衆国のほかのどの州もアラスカほど大きくはない。

❷ （　　　）（　　　） state in the USA is （　　　）（　　　） Alaska.

合衆国のほかのどの州もアラスカより大きくはない。

❸ Alaska is （　　　）（　　　）（　　　）（　　　） state in the USA.

アラスカは合衆国のほかのどの州よりも大きい。

❹ She has about （　　　）（　　　）（　　　）（　　　） CDs （　　　） I do.

彼女はCDを私の3倍ぐらい持っている。

❺ I need your help. Please come （　　　）（　　　）（　　　）（　　　）.

あなたの助けが必要です。できるだけ早く来てください。

❻ He is （　　　）（　　　）（　　　） a singer （　　　） a songwriter.

彼は歌手というよりはむしろソングライターだ。

❼ My brother has （　　　）（　　　）（　　　） 500 books.

私の兄は500冊もの本を持っています。

❽ Your English is improving. It's getting （　　　）（　　　）（　　　）.

きみの英語はよくなってきています。だんだんよくなってきています。

❾ （　　　）（　　　） a garden is, （　　　）（　　　） it is to look after it.

庭は小さければ小さいほど，手入れも簡単になる。

❿ A hill is （　　　）（　　　）（　　　） a mountain.

丘は山ほど高くない。

⓫ Judy selected （　　　）（　　　）（　　　）（　　　）（　　　） dresses.

ジュディーは2つのドレスのうちで，明るい色のほうを選んだ。

Lesson 23　関係詞（1）

❶ I have a friend （　　　） lives in Spain.

私にはスペインに住む友だちがいます。

❷ Do you know any Japanese festivals （　　　） are popular in other countries？

海外で人気のある日本の祭りを何か知っていますか。

❸ This is the person （　　　） I met on my trip to Europe.

こちらは，私がヨーロッパ旅行で出会った人です。

❹ This is a picture （　　　） she sent me the other day.

これは，彼女が先日私に送ってくれた写真です。

❺ Do you know anyone （　　　） dream is like mine？

私の夢と同じような夢を持っている人をだれか知っていますか。

❻ You are the only person （　　　） can help me.

私を助けることができるのはあなただけです。

Lesson 24　関係詞（2）

❶ （　　　） you've done is the right thing.

あなたがしたことは正しいことです。

❷ These tools are just （　　　） I need for the job.

これらの道具は，その仕事に私がまさに必要としているものだ。

❸ I don't believe （　　　） I can't see.

私は目に見えないものは信じない。

❹ What has made him （　　）（　　）（　　）? | 何が今日の彼を作り上げたのか。

❺ She is a quick reader, and （　　）（　　）, she reads widely. | 彼女は読むのが速く，そのうえ，読書の幅も広い。

❻ The girl （　　）I spoke （　　）comes from Spain. | 私が話をした女の子はスペイン出身です。

❼ The map （　　）we looked （　　）wasn't very clear. | 私たちが見た地図はあまりはっきりとしていなかった。

ᴬ❽ The people （　　）（　　）I work are very friendly. | 私が一緒に仕事をしている人たちはとてもよくしてくれます。

ᴬ❾ The ladder （　　）（　　）I was standing began to slip. | 私が（その上に）上がっていたはしごがすべりはじめた。

Lesson 25　関係詞 (3)

❶ The restaurant （　　）we ate lunch is not on the map. | 私たちが昼食を食べたレストランは地図には載っていません。

❷ I'll never forget the summer （　　）I traveled to France. | 私は，フランスへ旅をした夏をけっして忘れないでしょう。

❸ Do you know the reason （　　）he didn't come？ | 彼が来なかった理由を知っていますか。

❹ This is （　　）I make vegetable curry. | このようにして，私は野菜カレーを作ります。

ᴬ❺ Tom's father, （　　）is 78, goes swimming every day. | トムの父親は，（彼は）78歳ですが，毎日泳ぎに行きます。

ᴬ❻ Next weekend I'm going to Kobe, （　　）my sister lives. | この週末には神戸に行きます。そこには妹が住んでいるのです。

ᴬ❼ （　　）does wrong is punished in the end. | 不正を働く人はだれでも結局は罰せられる。

ᴬ❽ You can visit me （　　）you like. | 好きなときにいつでも訪ねて来ていいですよ。

ᴬ❾ She will come to the party, （　　）busy she is. | たとえ彼女はどんなに忙しくても，パーティーに来るでしょう。

Lesson 26　仮定法 (1)

❶ （　　）I （　　）enough money, I （　　）（　　）a new car. | 十分なお金があれば，私は新車を買うのだが。

❷ （　　）Tom （　　）here, I （　　）（　　）it to him myself. | トムがここにいれば，私はそのことを自分で彼に説明できるのですが。

❸ （　　）we （　　）（　　）a map, we （　　）（　　）（　　）our way. | 地図を持っていたら，私たちは道に迷うこともなかったのに。

❹ I （　　）（　　）（　　）out with him （　　）I （　　）（　　）so tired. | そんなに疲れていなかったら，彼と一緒に外出できたのに。

❺ （　　）you （　　）$1,000 on the street, what （　　）you （　　）？ | 通りで1,000ドルを見つけたら，あなたはどうしますか。

❻ （　　）you （　　）（　　）late again, you'll lose your job. | また遅刻するようなことがあれば，くびになるぞ。

Lesson 27　仮定法⑵

A ❶ (　　　) (　　　) in your place, I (　　　) (　　　) the police.

私があなたの立場だったら，警察を呼ぶわ。

A ❷ An American (　　　) (　　　) (　　　) such an expression.

アメリカ人だったら，そのような表現は使わないでしょう。

A ❸ I wasn't very hungry; (　　　), I (　　　) (　　　) (　　　) a big lunch.

あまりおなかがすいていませんでした。そうでなければ，昼食をたくさん食べたでしょう。

❹ (　　　) (　　　) I (　　　) (　　　) to Africa.

アフリカへ旅行できたらなあ。

A ❺ (　　　) (　　　) money (　　　) on trees!

お金が木になればなあ。

A ❻ Sometimes he acts (　　　) (　　　) he (　　　) my boss.

ときどき，彼はまるで私の上司であるかのようにふるまう。

A ❼ (　　　) (　　　) (　　　) (　　　) (　　　) exams, we would be happy.

試験がなければ，私たちは幸せなのだが。

Optional Lesson 1　接続詞

❶ (　　　) this medicine, (　　　) you'll feel better.

この薬を飲みなさい。そうすれば気分がよくなるでしょう。

❷ The students must take (　　　) French (　　　) German.

学生はフランス語かドイツ語のどちらかをとらなければなりません。

❸ A whale is (　　　) a fish (　　　) a mammal.

クジラは魚ではなくてほ乳類である。

❹ (　　　) is nice (　　　) tomorrow is a holiday.

明日が祝日なのはすてきだ。

❺ The news (　　　) our teacher was leaving made us sad.

私たちの先生がやめるという知らせは，私たちを悲しませた。

❻ She asked me (　　　) I had a driver's license.

彼女は私に運転免許証を持っているかどうか尋ねた。

❼ We waited in the cafeteria (　　　) it stopped raining.

私たちは雨がやむまでカフェテリアで待った。

❽ The boy was scolded (　　　) he was late.

その少年は遅刻したのでしかられました。

❾ (　　　) you are right, then everyone else is wrong.

もしもきみが正しいなら，それならばほかのみんなが間違っていることになる。

Optional Lesson 2　話法

A ❶ He said, "I'll be (　　　) again (　　　)."

彼は「明日またここに来るよ。」と言った。

A ❷ He said (that) (　　　) (　　　) (　　　) (　　　) again the next day.

彼は翌日またそこに来ると言った。

❸ His mother (　　　) (　　　) him, "(　　　) (　　　) go to school."

彼のお母さんは彼に「(あなたは)学校へ行ってはいけませんよ。」と言いました。

❹ His mother (　　　) (　　　) (that) (　　　) (　　　) go to school.

彼のお母さんは彼に(彼は)学校へ行ってはいけないと言いました。

❺ He (　　　) (　　　) her, "(　　　) (　　　) (　　　) the baseball game?"

彼は彼女に「(あなたは)野球の試合を見ましたか。」と言った。

❻ He (　　　) her (　　　) (　　　) (　　　) (　　　) the baseball game.

彼は彼女に(彼女は)野球の試合を見たかどうか尋ねた。

❼ She （　　　）, "（　　　） does the movie begin?"

彼女は「いつ映画は始まるのですか。」と言った。

❽ She （　　　）（　　　） the movie began.

彼女はいつ映画は始まるのかと尋ねた。

❾ The teacher （　　　）（　　　） us, "（　　　） carefully."

先生は私たちに「注意して聞きなさい。」と言った。

❿ The teacher （　　　） us （　　　）（　　　） carefully.

先生は私たちに注意して聞くようにと言った。

Optional Lesson 3　名詞と冠詞

❶ I have a （　　　） and two （　　　）.

私は犬を1匹と猫を2匹飼っています。

❷ （　　　）, （　　　）, and （　　　） are composed of （　　　）.

氷, 雨, 霧は水からできている。

❸ I got （　　　） present from my friends today.

私は今日友人たちからプレゼントをもらいました。

❹ Take the medicine twice （　　　） day.

1日に2度その薬を飲みなさい。

❺ I've never eaten （　　　）（　　　）（　　　）（　　　）.

こんなにもおいしい食事は食べたことがありません。

❻ I got （　　　） email today. （　　　） email was from my friend in Spain.

今日Eメールを受け取りました。そのEメールはスペインにいる友人からのものでした。

❼ Where's Tom? —— He's in （　　　） garden.

トムはどこですか。——庭にいます。

❽ She devoted her life to helping （　　　）（　　　）.

彼女は貧しい人々を救済することに生涯を捧げた。

❾ I took my daughter （　　　）（　　　）（　　　） when we crossed the street.

通りを渡るとき, 私は娘の手をとった。

Optional Lesson 4　代名詞

❶ I forgot to bring a pen. Can you lend me （　　　）?

ペンを持って来るのを忘れた。1本貸してくれないかい。

❷ I don't like this hat; show me （　　　）.

この帽子は気に入りません。別のを見せてください。

❸ I can only find （　　　） sock. Have you seen （　　　）（　　　）?

靴下が片方しか見つかりません。もう片方を見かけましたか。

❹ We can't find anywhere to stay. （　　　）（　　　）（　　　） are full.

泊まるところが見つかりません。〈この町の〉ホテルはみんな満室なのです。

❺ （　　　）（　　　）（　　　）（　　　） of the hotel has its own bathroom.

そのホテルは各室ともそれぞれ浴室がついています。

❻ （　　　）（　　　）（　　　）（　　　） of the hotel have a balcony.

そのホテルの部屋はどれにもバルコニーはありません。

❼ Peter has two cars. （　　　） of them are old.

ピーターは車を2台持っているが, どちらも古い。

❽ Does （　　　） of your parents speak English?

ご両親のどちらかが英語を話しますか。

❾ Tom and I didn't eat anything. （　　　） of us was hungry.

トムと私は何も食べなかった。どちらもおなかがすいていなかった。

Optional Lesson 5　形容詞と副詞

❶ Do you have （　　　） hobbies?

趣味はたくさんありますか。

❷ We haven't had （　　　） rain recently.

最近あまりたくさん雨が降っていない。

❸ Her English is very good.　She makes （　　　） mistakes.

彼女の英語はとてもよい。少ししか間違いをしない。

❹ We have to hurry.　We have （　　　） time.

急がなければいけません。時間がほとんどありません。

❺ I'm not very （　　） （　　） cooking Japanese food.

私は日本料理を作るのがあまり得意ではありません。

❻ You （　　） （　　） （　　） use my library.

私の蔵書を自由に使ってもいいですよ。

❼ （　　） you （　　） （　　） you're ten minutes late？

あなたは10分遅れていることにお気づきですか。

❽ He doesn't think he'll succeed; （　　）, he'll try.

彼は成功すると思っていない。それでも彼はやってみるだろう。

❾ She studied hard; （　　）, she was able to pass the test.

彼女は熱心に勉強した。だから，試験に合格することができたのだ。

Optional Lesson 6　前置詞

❶ Change trains （　　） Nagoya.

名古屋で列車を乗りかえなさい。

❷ There is a spider （　　） the ceiling.

天井にクモがいるよ。

❸ She left New York （　　） Florida.

彼女はニューヨークを出発してフロリダに向かった。

❹ Let's meet （　　） 7：30 tomorrow morning.

明日の朝7時30分に会いましょう。

❺ I have been waiting for her （　　） thirty minutes.

私は30分間ずっと彼女を待っています。

❻ I'm just going out.　I'll be back （　　） an hour.

ちょうど出かけるところです。1時間したらもどってきます。

△❼ The trip was canceled （　　） （　　） the accident.

旅行は事故のために中止になった。

△❽ （　　） （　　） the Internet, we can exchange information easily.

インターネットのおかげで，私たちは簡単に情報を交換できる。

Optional Lesson 7　否定

❶ Is your cold bad？ —— I hope （　　）. [I'm afraid （　　）.]

風邪はひどいのですか。 —— ひどくないと思います。[ひどいようです。]

❷ There is （　　） milk in the refrigerator.

冷蔵庫にはミルクが全然ありません。

❸ （　　） （　　） cars have air conditioners.

すべての車にエアコンがついているわけではない。

❹ You （　　） commit a crime （　　） being punished.

罪を犯せば必ず罰せられる。

❺ It is （　　） （　　） that he will pass the examination.

彼が試験に合格するのはありえないことではない。

❻ He looked very different.　I （　　） recognized him.

彼はとても変わっていた。彼だとはほとんどわからなかった。

❼ He （　　） learn to drive （　　） he was 31.

彼は31歳になって初めて車の運転ができるようになった。

❽ The operation is quite （　　） （　　） danger.

その手術には危険などまったくありません。

❶ My blood type is B, and (　　　) (　　　) my sister's.

私の血液型は B 型で，妹もそうです。

❷ (　　　) (　　　) (　　　) eaten such a big meal.

こんなにたくさんの量の食事は食べたことがありません。

❸ (　　　) (　　　) Tom (　　　) first met Mary at the party.

そのパーティーで初めてメアリーに会ったのはトムでした。

❹ Janet is (　　　) (　　　) (　　　) of Japanese.

ジャネットは日本語を上手に話す。

❺ Let me (　　　) (　　　) (　　　) at your new bicycle.

あなたの新しい自転車をちょっと見せてください。

❻ (　　　) (　　　) (　　　) will make you feel better.

ぐっすりと眠れば，あなたは気分がよくなるでしょう。

❼ (　　　) (　　　) (　　　) kept us from going out.

天気が悪かったので，私たちは外出できなかった。

APPENDIX

1．動詞の変化

① 3・単・現（3人称・単数・現在）の -s [-es]のつけ方

語尾の形	-s [-es]のつけ方	例
ふつうの場合	＋s [s] ＋s [z] ＋s [iz]	drink（飲む）➡ drinks live（生きる）➡ lives use（使う）➡ uses
-s，-x，-sh，-ch [tʃ]	＋es [iz]	cross（横切る）➡ crosses mix（混ぜる）➡ mixes / wash（洗う）➡ washes reach（到着する）➡ reaches
子音字＋y	y➡i＋es [z]	try（試みる）➡ tries / study（勉強する）➡ studies
母音字＋y	＋s [z]	buy（買う）➡ buys / stay（滞在する）➡ stays
その他	have（持っている）➡ has / go（行く）➡ goes / do（する）➡ does [dʌz]	

＊**母音字**：a，i，u，e，o（ア，イ，ウ，エ，オ）/ **子音字**：左記以外の文字（b，c，d，f など）

② 規則動詞の過去形・過去分詞形の作り方

語尾の形	-ed のつけ方	例
ふつうの場合	＋ed [d] ＋ed [t] ＋ed [id]	call（呼ぶ）➡ called cook（料理する）➡ cooked wait（待つ）➡ waited
-e	-è＋ed [d] -è＋ed [t] -è＋ed [id]	love（愛する）➡ loved dance（踊る）➡ danced invite（招待する）➡ invited
子音字＋y	y➡i＋ed [d]	cry（泣く）➡ cried
母音字＋y	＋ed [d]	enjoy（楽しむ）➡ enjoyed
アクセント（´）のある 1母音字＋1子音字	子音字を重ねて ＋ed	plán（計画する）➡ planned stóp（止まる）➡ stopped
最後の母音にアクセントのない場合にはそのまま ed をつける		vísit（訪問する）➡ visited óffer（申し出る）➡ offered

③ 動詞の ～ing 形の作り方

語尾の形	-ing のつけ方	例
ふつうの場合	-ing	read ➡ reading / study ➡ studying
子音字＋e	è＋ing	write ➡ writing / live ➡ living *cf.* be ➡ being / see ➡ seeing
-ie	ie➡y＋ing	lie（横たわる，うそをつく）➡ lying tie（結ぶ）➡ tying / die ➡ dying
強勢のある 1母音字＋1子音字	子音字を重ねて＋ing	swím ➡ swimming / rún ➡ running begín ➡ beginning *cf.* háppen ➡ happening

2.「時」の表し方（基本時制と完了時制）

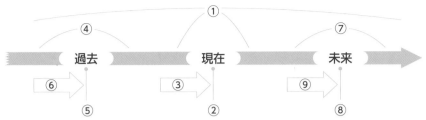

① 現在時制　② 現在進行形：am[are, is]＋〜ing　③ 現在完了形：have[has]＋過去分詞
④ 過去時制　⑤ 過去進行形：was[were]＋〜ing　⑥ 過去完了形：had＋過去分詞
⑦ 未来時制　⑧ 未来進行形：will be＋〜ing　⑨ 未来完了形：will have＋過去分詞

3．名詞の複数形の作り方

語尾の形	-s[-es]のつけ方	例	
ふつうの場合	＋s[s] ＋s[z] ＋s[iz]	desk ➡ desks door ➡ doors case ➡ cases	/ book ➡ books / girl ➡ girls / rose ➡ roses
-s, -x, -sh, -ch[tʃ]	＋es[iz]	bus ➡ buses dish ➡ dishes	/ box ➡ boxes / bench ➡ benches
-o	＋es[z]	potato ➡ potatoes	/ tomato ➡ tomatoes
子音字＋y	y ➡ i＋es[z]	baby ➡ babies	/ city ➡ cities
母音字＋y	＋s[z]	day ➡ days	/ key ➡ keys
-f[-fe]	f[fe] ➡ v＋es[z]	leaf ➡ leaves	/ knife ➡ knives
不規則なもの	man ➡ men foot ➡ feet child ➡ children	/ woman [wúmən] ➡ women [wímin] / tooth (歯) ➡ teeth / mouse (ネズミ) ➡ mice [máis]	

＊単数・複数同形：Japanese（日本人）/ Chinese（中国人）/ Swiss（スイス人）/ sheep（ヒツジ）/
salmon（サケ）

4．代名詞の変化

数	人称	主格 （…は［が］）	所有格 （…の）	目的格 （…を［に］）	所有代名詞 （…のもの）	再帰代名詞 （…自身）
単数	1人称	I	my	me	mine	myself
	2人称	you	your	you	yours	yourself
	3人称	he	his	him	his	himself
		she	her	her	hers	herself
		it	its	it		itself
複数	1人称	we	our	us	ours	ourselves
	2人称	you	your	you	yours	yourselves
	3人称	they	their	them	theirs	themselves

＊「Tom の（もの）」を表す場合は Tom's のように，固有名詞＋'s で表す。

5．比較級・最上級の作り方

① 原級＋-er / -est：1 音節の語と 2 音節語の一部

語尾の形	-er / -est のつけ方	原級	比較級	最上級
ふつうの場合	＋er / est	fast tall	faster taller	fastest tallest
-e	-e＋er / est	large wide	larger wider	largest widest
子音字＋y	y➡i＋er / est	heavy early	heavier earlier	heaviest earliest
1 母音字 ＋1 子音字	子音字を重ねて ＋er / est	big hot	bigger hotter	biggest hottest

② more / most＋原級：2 音節語の大部分と 3 音節以上の語
　　　　　　　　　　　　-ly で終わる副詞（ただし，early-earlier-earliest だけは例外）

	原級	比較級	最上級
2 音節語の大部分	useful	more useful	most useful
3 音節以上の語	difficult	more difficult	most difficult
-ly で終わる副詞	slowly	more slowly	most slowly

③ 不規則変化

原級	比較級	最上級
good / well	better	best
bad / badly / ill	worse	worst
many / much	more	most
little	less	least

6．関係代名詞

先行詞	主格	所有格	目的格
「人」	who / that	whose	who [whom] / that
「(人以外の) 物」	which / that	whose	which / that

＊主格や所有格の関係代名詞は省略することはできないが，目的格の関係代名詞は省略することが多い。また，that が好んで使われる場合もある。

https://www.daiichi-g.co.jp/eigo/otomaru/

本書は，第一学習社の音声アプリ「おと丸」に対応しています。二次元コードかURLより，端末にアプリをダウンロードし，ダウンロードキーを入力すれば，ターゲット例文の音声を聞くことができます。

ダウンロードキー　bbpd6

訂正情報配信サイト 17151-01
❶利用については，先生の指示にしたがってください。
❷利用に際しては，一般に，通信料が発生します。

https://dg-w.jp/f/7d734

2004年1月10日　初版　　第1刷発行	編 者　第一学習社編集部
2022年1月10日　改訂3版 第1刷発行	発行者　松本洋介
	発行所　株式会社　第一学習社

東京：〒102-0084	東京都千代田区二番町5番5号	☎03-5276-2700
大阪：〒564-0052	吹田市広芝町8番24号	☎06-6380-1391
広島：〒733-8521	広島市西区横川新町7番14号	☎082-234-6800

札　幌☎011-811-1848	仙　台☎022-271-5313	新　潟☎025-290-6077
つくば☎029-853-1080	東　京☎03-5803-2131	横　浜☎045-953-6191
名古屋☎052-769-1339	神　戸☎078-937-0255	広　島☎082-222-8565
福　岡☎092-771-1651		

書籍コード　17151-01　　＊落丁・乱丁本はおとりかえいたします。
　　　　　　　　　　　　　　　解答は個人のお求めには応じられません。

ISBN978-4-8040-3004-3　　　ホームページ　http://www.daiichi-g.co.jp/

動詞の不規則変化一覧

原形	意味	過去形	過去分詞形	～ing 形
be （am, is）（are）	…である	was were	been been	being being
beat	打つ	beat	beaten	beating
become	…になる	became	become	becoming
begin	始まる	began	begun	beginning
bite	かむ	bit	bitten [bit]	biting
blow	吹く	blew	blown	blowing
break	壊す	broke	broken	breaking
bring	持ってくる	brought	brought	bringing
build	建てる	built	built	building
burn	焼く	burnt [burned]	burnt [burned]	burning
buy	買う	bought	bought	buying
catch	つかまえる	caught	caught	catching
choose	選ぶ	chose	chosen	choosing
come	来る	came	come	coming
cost	要する	cost	cost	costing
cut	切る	cut	cut	cutting
die	死ぬ	died	died	dying
do [does]	する	did	done	doing
draw	引く，描く	drew	drawn	drawing
drink	飲む	drank	drunk	drinking
drive	運転する	drove	driven	driving
eat	食べる	ate	eaten	eating
fall	落ちる	fell	fallen	falling
feel	感じる	felt	felt	feeling
fight	闘う	fought	fought	fighting
find	見つける	found	found	finding
fly	飛ぶ	flew	flown	flying
forget	忘れる	forgot	forgot [forgotten]	forgetting
get	手に入れる	got	got [gotten]	getting
give	与える	gave	given	giving
go	行く	went	gone	going
grow	成長する	grew	grown	growing
have [has]	持っている	had	had	having
hear	聞く	heard	heard	hearing
hide	隠す	hid	hid [hidden]	hiding
hit	打つ	hit	hit	hitting
hold	持っている	held	held	holding
hurt	傷つける	hurt	hurt	hurting
keep	保つ	kept	kept	keeping
know	知っている	knew	known	knowing
lay	横たえる	laid	laid	laying

原形	意味	過去形	過去分詞形	～ing 形
lead	導く	led	led	leading
leave	去る	left	left	leaving
lend	貸す	lent	lent	lending
let	～させる	let	let	letting
lie	横になる	lay	lain	lying
lose	失う	lost	lost	losing
make	作る	made	made	making
mean	意味する	meant	meant	meaning
meet	会う	met	met	meeting
pay	払う	paid	paid	paying
put	置く	put	put	putting
read [ríːd]	読む	read [réd]	read [réd]	reading [ríːdɪŋ]
ride	乗る	rode	ridden	riding
ring	鳴らす	rang	rung	ringing
rise	昇る	rose	risen	rising
run	走る	ran	run	running
say	言う	said	said	saying
see	見る	saw	seen	seeing
sell	売る	sold	sold	selling
send	送る	sent	sent	sending
set	置く	set	set	setting
shake	振る	shook	shaken	shaking
shine	輝く	shone	shone	shining
shoot	撃つ	shot	shot	shooting
show	見せる	showed	shown [showed]	showing
shut	閉める	shut	shut	shutting
sing	歌う	sang	sung	singing
sit	座る	sat	sat	sitting
sleep	眠る	slept	slept	sleeping
speak	話す	spoke	spoken	speaking
spend	費やす	spent	spent	spending
stand	立つ	stood	stood	standing
swim	泳ぐ	swam	swum	swimming
take	取る	took	taken	taking
teach	教える	taught	taught	teaching
tell	話す	told	told	telling
think	考える	thought	thought	thinking
throw	投げる	threw	thrown	throwing
understand	理解する	understood	understood	understanding
wear	着ている	wore	worn	wearing
win	勝つ	won	won	winning
write	書く	wrote	written	writing